# A LINGUAGEM CORPORAL CIRCENSE

Instituto Phorte Educação
Phorte Editora

*Diretor-Presidente*
Fabio Mazzonetto

*Diretora-Executiva*
Vânia M. V. Mazzonetto

*Editor-Executivo*
Tulio Loyelo

# A LINGUAGEM CORPORAL CIRCENSE

## Interfaces com a educação e a atividade física

Cristiane Cassoni Gonçalves Santos
Kiko Belluci
Renée Fajtlowicz
Thiago Sogayar Bechara

Phorte
editora

São Paulo, 2012

*A linguagem corporal circense*: interfaces com a educação e a atividade física

Copyright © 2012 by Phorte Editora

Rua Treze de Maio, 596
Bela Vista – São Paulo – SP
CEP: 01327-000
Tel./fax: (11) 3141-1033
*Site*: www.phorte.com.br
*E-mail*: phorte@phorte.com

CIP-BRASIL. CATALOGAÇÃO-NA-FONTE
SINDICATO NACIONAL DOS EDITORES DE LIVROS, RJ

---

L727

A linguagem corporal circense : interfaces com a educação e a atividade física / Cristiane Cassoni Gonçalves Santos... [et al.]. - São Paulo : Phorte, 2012.
 288p. : il.

 Inclui bibliografia
 ISBN 978-85-7655-374-8

 1. Linguagem corporal. 2. Educação física - Estudo e ensino. 3. Circos. 4. Exercícios físicos. 5. Arte na educação. 6. Circos - Aspectos sociais. I. Santos, Cristiane Cassoni Gonçalves.

| 12-6619. | CDD: 372.86 |
| | CDU: 372.86 |

14.09.12  26.09.12                               039065

---

ph 806

Impresso no Brasil
*Printed in Brazil*

Este livro foi avaliado e aprovado pelo Conselho Editorial da Phorte Editora.
(www.phorte.com.br/conselho_editorial.php)

# AGRADECIMENTOS

Por todo carinho, amizade, profissionalismo e disponibilidade, agradecemos àqueles sem os quais este livro não seria o mesmo: Acrobacia e Arte – Casa do Circo; Alexandre Moreira; Dercy Gonçalves Costa; Fernando Sampaio; Giselle Sogayar Bechara; Jaime Jorge Bechara; Jucinei Cassoni Rodrigues Gonçalves; Lázaro Batista de Lima (Torradinho); Leonardo Cassoni Hayashi; Luiz Rodrigues; Maria Sofia Benini; Mario Augusto Charro; Verônica Tamaoki.

# PRÓLOGO

A relevância de um estudo que evidencie e comprove a possibilidade de inserção das atividades circenses no âmbito acadêmico da Educação Física, esta nós esperamos que se legitime ao longo do trabalho em si. Para as primeiras linhas de um livro escrito com alegria por autores que acreditam no que dizem, destinamos uma breve apresentação da ideia segundo a qual ele foi estruturado, tendo sempre em vista a ampliação dos conteúdos da cultura corporal com base em uma perspectiva lúdica.

Nosso objetivo é despertar a motivação pela linguagem circense como opção de atividade física, proporcionando às pessoas não apenas benefícios morfológicos e funcionais por meio de práticas prazerosas, mas também o desenvolvimento da autonomia e da confiança individuais, o que, é claro, abre novas oportunidades de socialização.

Pretendemos também construir com o educador um tipo de conhecimento que o ajude a melhor explorar com seus alunos toda a riqueza das atividades circenses, vistas, nesse caso, como fonte de saber, capazes ainda de formatar e ressignificar conceitos e valores por meio da imensa gama de possibilidades disponível a este tipo de trabalho pedagógico.

Acreditamos que *A linguagem corporal circense* pode contribuir de maneira significativa para dar suporte e indicar referências, já que o reconhecimento do circo como meio de aprendizagem integra uma visão absorvida muito recentemente, e que nos desloca de um ponto de vista costumeiro a respeito do universo tradicional da Educação Física, fazendo convite a penetrar num tipo diferente de leitura do mundo, qual seja, aquele relacionado às expressões artísticas.

Nosso primeiro capítulo remonta as raízes do circo de seus primórdios até a atualidade, trazendo à tona as principais etapas de uma história pouco narrada até então, já que datam somente da década de 1980, os mais sólidos estudos no país sobre a arte circense de modo geral, segundo afirma Mário Fernando Bolognesi, em seu livro *Palhaços* (2003, p. 13-4), no qual o autor também define:

> O circo é a exposição do corpo humano em seus limites biológico e social. O espetáculo fundamenta-se na relação do homem com a natureza, expondo a dominação e a superação humanas. [...]. [Nele], os artistas não apresentam "interioridades": eles são puro corpo exteriorizado, sublime ou grotesco, que se realiza e se extingue na dimensão mesma do seu gesto.

Essa visão será aprofundada a partir do segundo capítulo, da óptica da prática do circo como atividade pedagógica, utilizada atualmente em algumas escolas e academias. A estreita relação entre uma arte que tem no corpo seu principal meio de expressão e o modo como hoje se pensa a Educação Física na busca de um cidadão consciente de seu papel social, capaz de questionamentos e propostas de mudança, revela-se cada vez mais evidente e necessária, para não dizer carente de reflexões que deem conta de explorar melhor a riqueza de caminhos que ela aponta.

Chegamos, finalmente, à terceira e última parte deste livro, em que o objetivo é indicar um caminho menos teórico para a efetivação do que foi proposto. Por meio de imagens didáticas e descrições de exercícios, elabora-se uma espécie de manual capaz de dar forma às ideias discutidas, unindo o conhecimento teórico apresentado nas duas primeiras sessões e convertendo-o em gesto.

Para tanto, faz-se necessário iniciarmos nosso trabalho com uma viagem ao passado, um passeio histórico que melhor justificará as relações aqui pretendidas, numa espécie de "retorno às origens", nas quais mergulharemos a partir de agora.

# SUMÁRIO

★ **Primeiro ato**

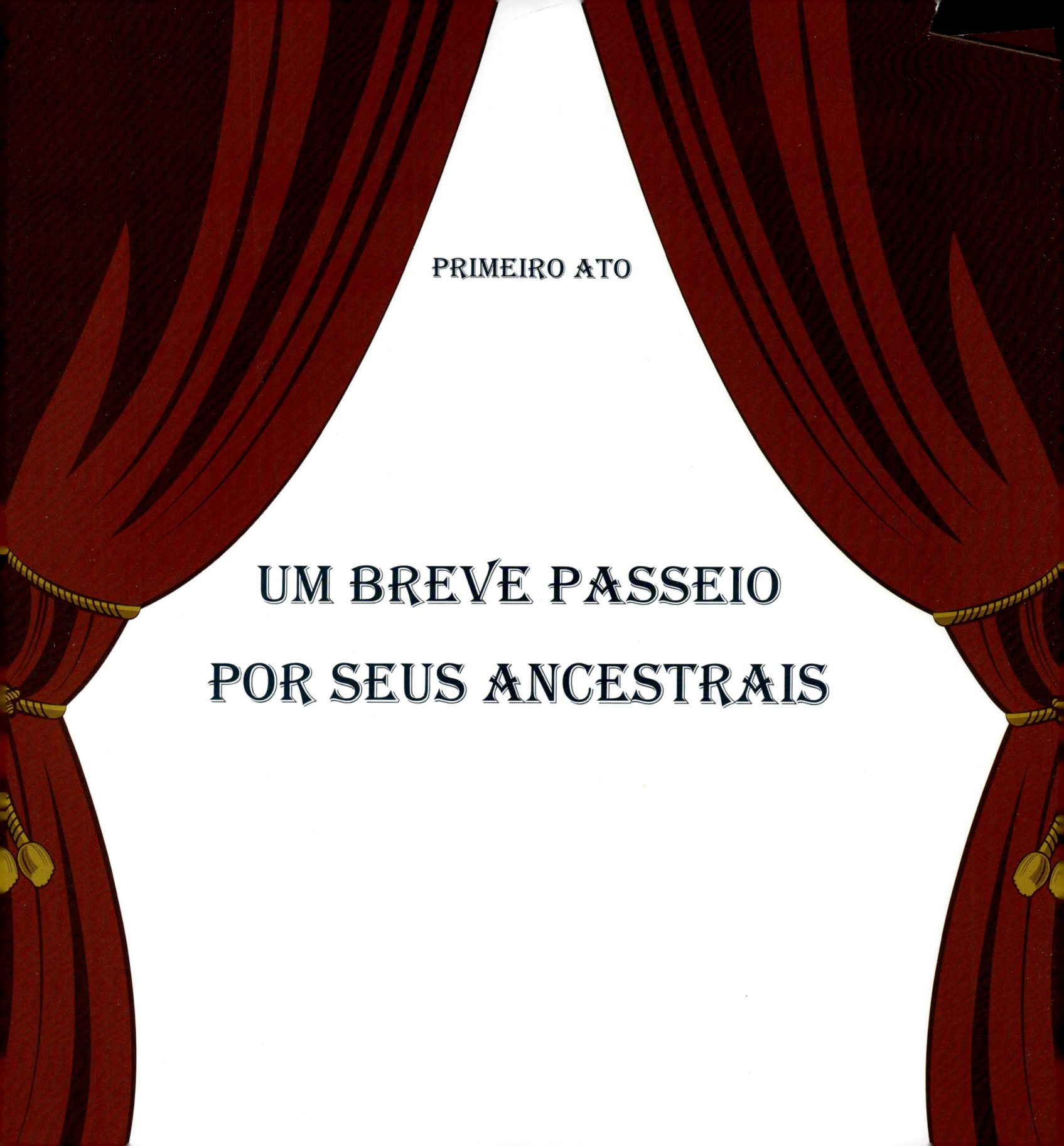

PRIMEIRO ATO

# UM BREVE PASSEIO

# POR SEUS ANCESTRAIS

# ★ 1 ★

# INTRODUÇÃO

> Antes que o homem aprendesse a falar, já sabia rir. [...]. Palhaços são tão antigos quanto o tempo. Há muitos e muitos anos, pessoas de várias culturas acreditavam na existência de divindades que eram meio deuses, meio palhaços: eram os *tricksters* ou trapaceiros, deuses debochados que se divertiam pregando peças nos pobres mortais. (Carvalho e Mota, 2000, p. 8)

Estes, por sua vez, e sem que soubessem, davam início já nos tempos mais remotos, à história de uma das manifestações mais populares em todo o mundo, com a mímica e toda uma linguagem baseada nas expressões corporais.

Sabe-se que a cultura greco-romana da Antiguidade foi solidamente assentada sobre uma perspectiva mítica e religiosa do mundo. Na Grécia, por exemplo, além de pouco saberem sobre povoados mais distantes, as pessoas nutriam crenças segundo as quais a Terra seria chata e redonda, tendo como ponto central, seu próprio país, no centro do qual, residiriam os deuses, ou Delfos.

> A morada dos deuses era o cume do Monte Olimpo, na Tessália. Uma porta de nuvem, da qual tomavam conta as deusas chamadas Estações, abria-se a fim de permitir a passagem dos imortais para a Terra e para dar-lhes entrada, em seu regresso. (Bulfinch, 1999, p. 9)

Assim como no Egito, onde grandes desfiles faraônicos ostentavam animais exóticos como símbolo da conquista de novas terras, também na Grécia antiga havia figuras como a dos domadores de animais, para não falar nos atletas olímpicos. Não seria exagero considerarmos os hipódromos ou as famosas Olimpíadas Gregas, como duas importantes raízes da linguagem circense, como a conceberíamos no futuro.

Em sua relação com os esportes, os atletas frequentemente desenvolviam habilidades acrobáticas e disputavam em modalidades que exigissem desenvoltura nos aparelhos aéreos, como barras e argolas. E a equitação, como também se verá, seria um dos pontos altos do circo moderno séculos depois, quando a utilização de cavalos se tornou um símbolo de nobreza, conferindo *status* às companhias que passariam a ser identificadas também, por esse motivo, com o nome de "circo de cavalinhos".

Na China, outra cultura tida como um dos berços do circo, onde pinturas ancestrais datadas de aproximadamente 5.000 anos atrás foram descobertas representando figuras de contorcionistas e equilibristas, já se podia também encontrar, há 200 a.C., acrobatas ensaiando seus primeiros números, e "palhaços profissionais – os *bobos da corte* – que se apresentavam para a realeza. Na Europa, várias eram as cortes que tinham os seus *bobos*. Também aqui, na América, os Astecas possuíam os seus artistas do riso" (Carvalho e Mota, 2000, p. 8), assim como no Egito, onde igualmente se podia encontrar essa espécie de prenúncio do que seria o palhaço.

Até que, mais de um século depois, em Roma, pela primeira vez foi utilizada a palavra *circus* para designar não apenas um tipo de espetáculo precedido de procissão, mas também o local onde aconteciam essas apresentações, geralmente em formato circular com arquibancadas ao redor.

Segundo Carvalho e Mota (2000), essa procissão triunfal de chegada era composta pelos guerreiros que passavam anunciando e exibindo suas conquistas como tesouros, escravos e novas terras. Em seguida, duas equipes disputavam, expondo suas habilidades quase sempre de modo bastante violento, em que o encontro e a reconciliação com os deuses eram os elementos que marcavam o sentido desses jogos. Nota-se aqui, entretanto, não apenas um forte cunho religioso, mas também político, nesses embates, já que as lutas nos anfiteatros funcionavam como forte ferramenta de diversão para as massas, largamente incentivada pelo imperador que, nesse sentido, beneficiava-se particularmente de tal publicidade.

Mário Fernando Bolognesi chama-nos a atenção para a necessidade de relativizarmos o ponto de vista de que essas práticas seriam assentadas sobre um comportamento sádico ou simplesmente cruel, apesar de sua incontestável violência. Referindo-se à orientação de Pierre Grimal, ele explica que os "gladiadores, por exemplo, não eram apenas homens condenados à morte, diante dos quais dever-se-ia cultuar a piedade. Antes de mais nada, eles eram atletas que colocavam suas vidas em risco" (Bolognesi, 2003, p. 26) diante de uma simbologia maior, que é justamente o caráter religioso presente nos duelos. Também no futuro, o circo moderno traria em sua essência o risco iminente de morte para seus artistas, embora já distante de um contexto competitivo, como se verá melhor oportunamente.

Aliás, não à toa esses guerreiros são identificados com a figura do atleta. A correlação dos espetáculos apresentados nos estádios romanos com as Olimpíadas gregas vinha de algum tempo e consolidou-se, efetivamente, "por iniciativa do ditador Silla (80 a.C.), quando da conquista da Ásia Menor" (Weber, 1986, p. 107 apud Bolognesi, 2003, p. 27). "Mas, apenas na época de Nero (60 a.C.) os jogos atléticos tiveram o modelo grego como norteador de um espetáculo que exibia a disputa de atletas, músicos e atores" (Bolognesi, 2003, p. 27), porém de modo mais sangrento e persecutório, como não se pode negar.

Segundo consta, tradicionalmente, foi Tarquínio Tasso, o quinto dos sete reis de Roma, o responsável pela fixação do lugar onde seria construído o primeiro circo na cidade. Um bom exemplo do que foram os *circus* é o famoso Coliseu, criado em 40 a.C. para que a cidade não ficasse sem um espaço como aquele. O que houve, foi que, após a construção do primeiro circo, no ano 70 a.C., em Pompeia, um segundo foi erguido na capital italiana: o Circo Máximo, que pouco depois sofreu uma trágica destruição, por conta de um incêndio. Por isso, a necessidade de um novo lugar se fez presente. Daí a ordem de Júlio César para a construção do Coliseu, o que consolidou sobremaneira no poderoso Império Romano, a estratégica política de pão e circo, visando a evitar revoluções ou qualquer tipo de contestação reflexiva por parte do povo.

Nessa época, os principais eventos da sociedade aconteciam nos chamados circos-hipódromo. Corridas em carros e cerimônias imperiais ocorriam nas privilegiadas arenas, onde se legitimava a possibilidade de relação entre o soberano e seus súditos, como explica Bolognesi, e onde também se consagrava a motivação religiosa dos rituais públicos, evocada pelo exemplo do Circo Máximo, cuja descrição da organização espacial se baseia numa planta elíptica dentro da qual podem ser vistas algumas de suas principais simbologias, como é o caso do obelisco. Este, por sua vez, representava o Sol, dentro da perspectiva de novos saberes absorvidos da cultura oriental, à medida que Roma ampliava seu domínio sobre a região.

Foi a partir daí que toda uma simbologia passou a envolver e ressignificar o espaço do circo romano. Segundo os novos códigos, dentre outras coisas, a "arena [se] equivaleria à Terra e o *euripo*, o fosso que separava as feras dos espectadores, seria o oceano que a contorna e a limita" (Bolognesi, 2003, p. 29).

Com o passar dos séculos, uma evolução natural do circo realçou diferenças básicas entre o tipo de espetáculo que se consolidou na Roma antiga e aquele que, a partir do século XVIII, seria finalmente aceito como o circo moderno em toda a Europa, principalmente em países como França e Inglaterra.

Entre as alterações mais representativas, vale ressaltar o enfraquecimento da ligação das primeiras apresentações com os aspectos políticos e, sobretudo, sacros da sociedade. O mesmo aconteceu com o caráter competitivo tão marcante das disputas romanas da antiguidade, que também se diluiu com o tempo. A aproximação que os jogos circenses possuíam, nesse sentido, com as atividades esportivas, transmutou-se, de modo a excluir o elemento da agressividade, mantendo apenas a utilização das aptidões físicas capazes de transformá-los, neste caso, em manifestações artísticas e, portanto, em espetáculo. Como ressalta Bolognesi (2003, p. 31), já não haveria aqui, vencedores ou perdedores, mas sim a "conjugação da habilidade com a coreografia, a música, a indumentária e a narração" como fatores primordiais "para a eficácia cênica".

Paralelamente a todo esse processo, e antes que se continue a falar da nova forma que as apresentações circenses assumiram a partir do século XVIII, é importante ainda que não deixemos de citar os artistas de rua como peça fundamental de composição das artes que, reunidas posteriormente, dariam ao circo as feições que hoje identificamos tão facilmente, num tipo de espetáculo em que o que predomina, por excelência, é o signo da hibridez e da diversidade.

Desde os primeiros anos depois de Cristo, marinheiros já apresentavam seus números acrobáticos enquanto estivessem atracados ao porto de alguma cidade. Utilizavam para isso, seus próprios navios como palco, podendo, assim, com tais exibições, complementar de alguma maneira os próprios orçamentos.

"Você não acha que o mastro de um navio se parece com o mastro do circo?", perguntam com irreverência os autores de *Circo universal* (Carvalho e Mota, 2000, p.12).

Do mesmo modo, figuras como acrobatas, ciganos, saltimbancos, dançadores de corda, equilibristas, malabaristas, manipuladores de marionetes, atores e adestradores de animais há muito tempo também já compunham o cenário urbano, apresentando-se em feiras e praças das cidades, individualmente ou em suas companhias ambulantes, ao ar livre ou ainda em "barracas cobertas de tecidos ou de madeiras; palcos de pequenos teatros estáveis ou fixos – teatros de variedades", como explica Silva (2007, p. 12).

Era comum nessas feiras livres, sobretudo na Europa do século XVII, encontrar artistas populares realizando números de equitação ou encenando combates, corridas e caças, sobre seus cavalos, diante dos olhos atentos da população. Também os ciganos ficaram famosos por suas apresentações equestres. De origem militar e agrícola, basicamente, a utilização dos cavalos passou aos poucos a se aplicar também a essas novas atividades. Inclusive ex-militares começaram a apresentar-se em espetáculos pagos, para a nobreza, nos quais se exibiam fazendo acrobacias sobre os animais. Daí o formato circular dos futuros picadeiros, já que é mais fácil ficar de pé sobre o cavalo quando este galopa em círculos. "Vale ressaltar que *picadeiro*, originalmente, é o local onde se treina equitação e o termo vem de *picador*, isto é, treinador de cavalos" (Pimenta, 2005, p. 18-9).

Todos esses artistas viajantes

> andavam em grupos, também conhecidos como trupes. Durante a Idade Média, as feiras populares eram bons lugares para as apresentações dos saltimbancos. Nessas feiras também havia apresentações de números de ilusionismo e malabarismo, além de barracas mostrando fenômenos estranhos. (Carvalho e Mota, 2000, p. 12)

Talvez pelo caráter mambembe dos seus artistas de rua, o circo esteve sempre ligado à cultura popular de tal maneira que se torna difícil definir com exatidão marcos, datas e limites geográficos para o seu nascimento, inclusive, pelo fato de ser um acontecimento artístico variado e, como aponta Silva (2007), sujeito, nesse sentido, à influência de múltiplas linguagens.

# ★ 2 ★

## ASTLEY E O
## CIRCO MODERNO

Desde 1755, aproximadamente, anfiteatros a céu aberto começaram a ser criados especialmente para as apresentações de caça, acompanhadas de cavalgadas com fanfarras, além de outros tipos de espetáculos, já com um enredo definido – alguns até com piscina para torneios náuticos.

Com a já citada ampliação da utilidade dos cavalos, em que o animal deixou de ser aproveitado apenas para fins militares, seu valor de mercado sofreu uma queda significativa, facilitando que grupos ambulantes também pudessem comprá-los, a partir de então, o que diversificou definitivamente seu rol de apresentações. Assim, acrobatas, equilibristas e malabaristas foram aperfeiçoando as habilidades de seu "repertório equestre", o que incrementou – e muito – as apresentações dessas trupes.

Entre tais companhias, três em especial surgiram em Londres, por volta de 1760, e ganharam destaque histórico dos pesquisadores, como sendo o marco de origem das artes circenses propriamente ditas, tal como são hoje associadas ao chamado circo moderno. Eram as companhias de Prince, de Jacob Bates e de Philip Astley. Entretanto, é Astley quem ganha maior fama, sendo reconhecido como o grande inventor do circo moderno, não só em razão das inovações implementadas por ele no que diz respeito às mudanças no espaço físico dos circos, mas principalmente por reunir num só espetáculo as modalidades que até então só eram vistas de modo disperso em feiras e praças, aos grupos equestres de origem militar e, ainda a outras modalidades, como dançarinos de cordas (funâmbulos), saltadores e hércules, por exemplo. Está nesta união, absolutamente diversificada, o real caráter inovador de Astley e, portanto, a principal base do circo moderno.

O inglês Philip Astley (1742-1814) foi oficial da cavalaria inglesa, tendo se desligado de seu regimento no ano de 1766. A partir daí, começou a apresentar-se a cavalo ao lado de colegas até alugar, dois anos depois, um campo próximo a Westminster Bridge, onde poderia exibir-se de modo mais regular. No entanto, é num terreno bastante próximo do primeiro, que Astley constrói, em 1770 – ano marco da "fundação" do circo moderno –, "tribunas de madeira em frente a uma pista circular" com 13 metros de circunferência, "ainda sem cobertura, que implantou para maior desenvoltura dos exercícios a cavalo" (Silva, 2007, p. 34).

Segundo Silva (2007), essa alteração da composição arquitetônica, ainda que não seja o fator primordial da "invenção" do oficial inglês, representa uma transformação definitiva para os moldes que o circo assumiria em todo o mundo a partir de então, já que antes disso, o espaço era "de terra cercada por proteção de madeira, na qual se elevavam em um ponto pequenas tribunas sobrepostas, semelhantes a camarotes, cobertas de madeira" (Silva, 2007, p. 35).

Como apontam alguns registros, Astley apresentava-se no período da tarde, destinando a pista na parte da manhã para aulas e treinamentos. Aliás, somente por volta de 1845, as apresentações circenses de um modo geral passaram a acontecer no período noturno. Foi em 1779 que o inglês construiu o Astley Royal Amphitheater of Arts, espaço que também continha pista cercada por arquibancadas, só que permanente e coberto em madeira, em razão das alterações climáticas. Em seus espetáculos circenses, o ex-oficial passou a cobrar ingressos do público, e a incluir elementos nitidamente extraídos de sua experiência militar, como a disciplina, os uniformes e os repiques de tambor.

A partir da década de 1770, Philip Astley passou a conciliar suas atividades com uma turnê pela Europa, fixando-se alternadamente em Londres e Paris. Entretanto, essa dinâmica durou até o histórico ano de 1789, quando da Revolução Francesa, já que a partir de então, o inglês vê-se obrigado a residir novamente apenas em Londres. E é nesse intervalo de tempo que se realçam mais dois importantes personagens para a história do circo. Introdutores de novos elementos para a estrutura de apresentação organizada por Astley,

Charles Hughes e Antonio Franconi ajudaram a agregar essas inovações de modo a ampliar e, nesse sentido, ressignificar, conhecimentos.

Charles Hughes foi acrobata de equitação e já havia trabalhado anteriormente com Astley quando montou, em 1780, sua própria companhia. Inspirou-se nos antigos circos romanos para dar a ela o nome Royal Circus, batizando de certa maneira a "invenção" do colega. Isso porque essa é a primeira vez na história que um espetáculo circense com esse modelo aparece efetivamente com o nome de circo – que, para muitos, tem em sua origem uma possível associação com a palavra círculo. A partir de então, novas companhias continuam a ser criadas na Europa, com tal nomenclatura.

O Royal Circus de Hughes possuía uma inovação: um palco como de teatro, ligado à pista. Cada um dos dois espaços, a partir dessa combinação, podia ser utilizado para tipos diferentes de números, o que representou um ganho significativo para o público, sob vários aspectos, tais como visibilidade, em razão da disposição da plateia em torno da pista e em camarotes. Tanto assim que, no futuro, quando em 1794 o circo de Philip Astley pegou fogo, este o reconstruiria nos moldes do anfiteatro de Hughes, unindo palco e pista, como explica Silva (2007, p. 36-7):

> Nesta fase do circo, a acrobacia, a dança, o funambulismo e os intermédios cômicos eram realizados quase na sua totalidade sobre o dorso dos cavalos. Considerado como o "templo do cavalo", o espetáculo circense, com seus ginetes, acrobatas e amazonas, tornou-se grande sucesso de público, além de figurar como tema de romances, poesias e pinturas. [...]. Ao aliar as apresentações equestres aos artistas ambulantes, Astley não produziu apenas demonstrações de habilidades físicas e da capacidade de adestrar o animal. O modo de produção do espetáculo pressupunha um enredo, uma história com encenação, música e uma quantidade muito grande de cavalos e artistas. Eram chamadas de pantomimas de grande espetáculo.

E é na questão das pantomimas principalmente que o italiano Antonio Franconi entra em nosso relato.

No período em que Astley excursionava pela Europa, mais precisamente no ano de 1783, ele inaugurou em Paris um anfiteatro no Boulevard Du Temple. Quando foi impedido de manter-se fixado nas duas cidades, em 1789, o inglês voltou a morar apenas em Londres, como já foi dito, deixando, portanto, o auditório francês. Antonio Franconi, especializado em adestramentos de animais como pássaros e cavalos, havia trabalhado no anfiteatro de Astley em Paris desde sua inauguração, tendo se tornado inclusive sócio e diretor do circo do colega em 1788, e agora seria ele o responsável pela recuperação do espaço abandonado, estreando nele em 1793, com sua própria companhia. Era o Amphithéâtre Franconi. O lugar sofreu alterações em sua estrutura, mudou-se de lugar algumas vezes, e foi finalmente rebatizado como Cirque Olympique, em 1807, ano a partir do qual os Franconi se especializam em "grandes pantomimas".

Como pontua Silva (2007, p. 41):

> quando Astley, Hughes e Franconi, entre outros, introduzem nos espetáculos circenses, definitivamente, a pantomima, chamando para isso artistas ambulantes de praças, tablados de feiras e teatros fechados, o modelo de espetáculo construído tinha sinergia com a própria produção cultural contemporânea. Era eclético e variado, fortemente marcado pelo militarismo, com encenações representando contos de fadas, quadros históricos épicos, campanhas militares históricas ou da época.

A pantomima nada mais era, nessa época, que um tipo de encenação muda, sem o recurso das falas, valendo-se, para tanto, apenas das expressões corporais, gestuais e fisionômicas. Com o passar dos anos, essas representações foram abrindo precedentes para a utilização da voz e, no futuro, qualquer encenação circense seria identificada como pantomima, ainda que fosse falada ou cantada. Mas sua origem esteve sempre associada à mímica, daí sua denominação.

No Brasil, esse recurso foi difundido, sobretudo, a partir da década de 1850, provavelmente pretendendo-se um incremento para as apresentações, diante das dificuldades de manter um circo-zoológico, como são chamadas as companhias que apresentam animais. Isso porque a manutenção dos bichos, principalmente os de maior porte como tigres, leões ou elefantes, tinha um custo alto para os donos dos circos que se viam ainda diante da dificuldade de transportar esses animais com segurança, uma vez que as trupes precisavam viajar, dado o caráter itinerante, próprio do circo. Por esses e outros motivos, como a prática de maus tratos, por exemplo, o circo-zoológico é, inclusive, alvo constante de polêmicas, tendo diminuído bastante suas atividades nos dias de hoje.

Mas voltando às pantomimas, cabe aqui ressaltar que a introdução das falas nesse tipo de encenação gerou controvérsias em muitos circenses, críticos e produtores da época, já que, segundo suas concepções, o circo deveria manter-se fiel à sua essência visual, não somente pela utilização de recursos como cenários, roupas e adereços coloridos e chamativos, por exemplo, mas também por uma suposta insignificância da palavra, como elemento cênico.

> Durante três quartos do século XIX, as prerrogativas dos teatros proibiam os cômicos dos circos de falar no picadeiro. [...]. Na França, somente a partir de 1865 foram criadas disposições sobre a liberdade dos espetáculos, permitindo aos *clowns* trocarem réplicas. (Silva, 2007, p. 47)

Com o passar dos anos, a importância dos cavalos dentro dos espetáculos vai diminuindo e a fala ganha espaço gradativamente, assim como as representações de dança e acrobacia, às quais a pantomima é definitivamente integrada. Evidentemente, essa dinâmica também gerou protestos de muitas companhias de teatro que entenderam a ascensão da pantomima falada como uma ameaça às suas atividades, assim como de críticos e circenses, alegando que os diálogos e as entradas dos palhaços funcionavam como elementos de causa para uma suposta decadência do circo em sua forma pura.

O fato é que, apesar de tantas transformações, a essência do circo continua mais que viva em todo o mundo, e a figura mítica do palhaço ainda hoje é aclamada como a alma do espetáculo por motivos, dentre os quais, podemos destacar o enorme sucesso de um tipo de encenação, fruto da evolução das pantomimas, que marcou a produção circense no final do século XIX: as comédias de picadeiro, que, na definição de Pimenta (2005) eram "peças curtas, com falas, mas geralmente sem texto escrito, desenvolvidas como improvisações sobre roteiros" e que, no futuro, transformar-se-iam em outro tipo de apresentação, o circo-teatro, de que trataremos melhor mais adiante, diferenciando-se deste, sobretudo, no que diz respeito ao local de apresentação. Enquanto as comédias de picadeiro, como sugere o nome, eram representadas no mesmo local das outras modalidades circenses, as peças do circo-teatro aconteceriam num palco construído à parte, isto é, ao lado do picadeiro.

Antes disso, cabe ainda mencionarmos alguns aspectos relevantes sobre as origens da figura dos palhaços que, nas palavras de Silva, nada mais são que

> herdeiros diretos dos cômicos que frequentavam os lugares públicos, os teatros de feira, os de arena e fechados, as festas profanas ou religiosas. [...]. Todos uniam teatralidade, destreza corporal, dança, música, mímica e a palavra. Estes cômicos foram introduzidos nos intermédios dos números equestres, desempenhando as funções de ginastas e atores. (Silva, 2007, p. 43)

Numa espécie de respiro para que os outros artistas pudessem tomar fôlego ou preparar os aparelhos do próximo número. Essa intervenção é chamada pelos circenses de "reprises", momento em que o *clown* desenvolve todo um tipo específico de comicidade baseado em situações cotidianas e figuras locais como o alfaiate e o camponês, alvos preferidos das jocosidades feitas em cena para provocar o riso.

Com o tempo, o palhaço foi deixando seus números equestres e sendo cada vez mais associado ao comportamento cênico burlesco, grosseiro, grotesco, dando pontapés e utilizando técnicas acrobáticas para saltar, cair e produzir o efeito de uma pessoa absolutamente atrapalhada em seus gestos. Vale ressaltar que a denominação de *clown* para esse tipo de comicidade já era empregada desde o século XVI na Inglaterra, para cavaleiros e acrobatas do riso. E também que a palavra "palhaço" deriva interessantemente de "palha".

Carvalho e Mota (2000, p. 43):

> Os primeiros palhaços italianos se vestiam de espantalhos, e a palha dentro da roupa amortecia as quedas constantes. O palhaço, um dos personagens principais do circo, basicamente, é todo artista circense que pinta o rosto. [Ele] tradicionalmente usa vestimenta de lantejoulas e é acompanhado de um parceiro, o cômico de dupla, ao qual sempre ludibria em cena. Pode usar também roupas largas e coloridas, sapatos grandes, careca com algum cabelo lateral de pano, grandes sobrancelhas pretas, boca enorme e pintada, além do rosto em cores vivas. O bom palhaço é um artista completo, sabe outras artes circenses, toca instrumento e canta.

Em toda canção

O palhaço é um charlatão

Esparrama tanta gargalhada

Da boca para fora

Dizem que seu coração pintado

Toda tarde de domingo chora

Abra o coração

Do palhaço da canção

Eis que salta outro farrapo humano

E morre na coxia

Dentro do seu coração de pano

Um palhaço alegre se anuncia

[...]

E esse charlatão

Vai cantar sua canção

Que comove toda a arquibancada

Com tanta agonia

Dentro dele um coração folgado

Cantarola uma outra melodia

(*Valsa dos clowns*, Chico Buarque e Edu Lobo)

# 3

# O CIRCO NO BRASIL

Minha cidade amanheceu risonha
Chegou o circo, está a anunciar,
Grita o palhaço da perna de pau,
Minha gente acorda para ouvir cantar.
E eu, menino, moleque de rua,
Vou bem na frente pra chamar atenção,
Talvez me vendo assim animado,
Me dê entrada o dono da função.

Oh! Raia o sol, suspende a lua,
Olha o palhaço no meio da rua

Quanta alegria. Foi armado o circo!

Está em festa o largo da matriz.

Em volta dele corre a meninada,

E eu brincando junto também sou feliz.

'Zé Fogueteiro' hoje vai ao circo

'Todo exibido', veio me contar.

Prá queimar fogos, já ganhou bilhete,

No camarote diz que vai sentar.


Oh! Raia o sol, suspende a lua,

Olha o palhaço que está na rua


Para juntar dinheiro eu vou depressa,

Vender cocadas que a doceira fez;

Vou lavar vidros, vou vender garrafa,

Ou engraxar sapatos prá qualquer freguês.

E se de noite, prá meu desengano,

Eu não puder sentar na arquibancada,

Eu, de 'gaiato' vou 'forçando' entrada,

Bem escondido por baixo do pano

[...]

(*O menino e o circo*, Eli Camargo)


Os primeiros grandes circos estrangeiros aportaram no Brasil na década de 1830, ainda que nos séculos XVII e XVIII já pudessem ser encontrados, por aqui, ciganos, saltimbancos ou mesmo pequenos circos de pau a pique, como eram conhecidos os recintos onde aconteciam essas primeiras apresentações, dado o improviso das trupes que, vindas da Europa, tinham de se adaptar à ausência de lugares apropriados às suas *performances*.

Esse tipo de instalação ficou famoso também como "circo de tapa-beco" ou de "pau fincado", funcionando como uma alternativa providencial aos artistas que chegavam com suas famílias contratados por empresários ou proprietários vinculados a circos estrangeiros, ou então àqueles que simplesmente aportavam no país como fugitivos de guerra, perseguições, proibições e acabavam ficando.

No entanto, Silva (2007, p. 53) realça, a principal razão da vinda dessas famílias está mesmo nos "próprios modos de se constituírem como grupos e como artistas, itinerantes na forma de vida e trabalho", nomadismo esse que tornava difícil, até mesmo para os integrantes das chamadas "famílias tradicionais", definir com precisão suas origens e nacionalidades, caracterizando, nas palavras da autora, uma maneira distinta de se vincularem às localidades por onde iam passando. Como diz a bela letra da canção *Na carreira*, de Chico Buarque e Edu Lobo, composta em 1983, para o balé *O grande circo místico*: *arte de deixar algum lugar/quando não se tem pra onde ir*.

A primeira grande companhia a fincar seus mastaréus em solo brasileiro, segundo se registra, foi a do Circo Bragassi, em 1830, mesmo ano em que surgem também os primeiros circos nos Estados Unidos. A predominância de nacionalidades que por aqui começavam a se estabelecer, era, sobretudo, de portugueses e argentinos, apresentando-se em cidades como Porto Alegre, São Paulo, Rio de Janeiro, Ouro Preto, Salvador. No entanto, é de origem italiana, uma das principais famílias a compor esse quadro de diversidade, já velho conhecido de todos nós.

O Chiarini é o primeiro circo formalmente organizado de que se tem documento de chegada ao país. Datam de 1834, os registros de sua passagem por São João Del Rey, Minas Gerais, fato que não exclui especulações referentes ao rigor conferido a tal informação, por um motivo bastante simples e compreensível, como justifica Silva (2007). Em razão da precariedade das estradas na época, supõe-se uma defasagem grande de tempo entre o momento em que a família circense aporta em solo nacional e sua chegada a cidades localizadas em zonas interioranas. A isso se soma o fato de que, muito provavelmente, ao longo deste demorado trajeto, os Chiarini não tenham se furtado a apresentar-se em localidades intermediárias, até que chegassem a São João Del Rey, o que, de certo modo, legitima a suposição de que o patriarca Giuseppe Chiarini tenha chegado ao Brasil bem antes do referido ano.

A Família Chiarini é tida como uma das maiores dinastias circenses da Itália, lembrando que seus primeiros registros pelo mundo são de 1580, mais precisamente na França. Sua trajetória mostra-se exemplar para compreendermos a fusão ocorrida entre as experiências trazidas por trupes europeias do continente velho, e a cultura local do país onde aportaram, o que, nas palavras de Silva (2007), gerou um tipo de espetáculo ao mesmo tempo novo e velho, isto é, no qual muito havia de conservador, sem que se deixasse de assimilar elementos inovadores.

Lembrando um pouco a história da família, a autora pontua alguns momentos significativos dos

> Chiarini [que] – dominando assim diversos ramos das expressões artísticas nas feiras, ruas e tablados – tornaram-se, posteriormente, artistas de circo: em 1784 no circo de Astley e, depois da Revolução, foram para Paris trabalhar com Franconi. Giuseppe Chiarini, após ter sido aluno de Franconi, excursionou pela América do Norte, onde montou um circo ambulante, que se tornou o primeiro grupo circense europeu a viajar para o Japão e, em seguida, fez uma turnê pela América Latina. Em fins de 1829, os Chiarini já haviam estreado no Teatro Coliseo Provisional de Buenos Aires, e inauguraram um circo em 1830 no Vaux-Hall ou Parque Argentino, um hotel tipo francês com salões de baile, um pequeno teatro e um circo com acomodações para 1.500 pessoas, inaugurado no final da década de 1820, tido como um dos primeiros circos de caráter "estável" da América Latina, no qual atuaram vários grupos circenses. Chamado de teatro-circo, não era coberto e seus espetáculos eram vespertinos. Contemplava uma pista para as provas circenses e um palco para as representações teatrais. (Silva, 2000, p. 58-9)

Como se vê, ainda que o chamado circo-teatro só fosse consolidar-se efetivamente num futuro próximo, assunto de que se tratará melhor em breve, suas raízes já estavam bem fixadas no início do século XIX.

A partir de 1850, os circos de cavalinhos já estariam plenamente difundidos na maioria das cidades brasileiras, uma vez que data de 1842, o primeiro registro de uma companhia equestre no país: o circo do ator norte-americano Alexandre Lowande, também fixado em São João Del Rey. A propósito da nacionalidade do cavaleiro, vale dizer que, embora a maioria dos artistas de circo ainda fosse estrangeira, o número de brasileiros que começavam a entrar para companhias já era bastante expressivo.

O que se nota é que também o circo, de modo geral, estava crescendo e assumindo-se como um empreendimento. Alterações em sua disposição física refletiam esse processo, quando de um, passou para dois, o número de mastaréus. E em seguida para oito, indicando claramente sua ampliação. A mídia começou a dar maior visibilidade aos espetáculos circenses, não mais os restringindo às páginas de propaganda, mas abrindo espaço para uma crítica especializada que, é bom que se diga, nem sempre viu com bons olhos o sucesso das trupes. Segundo alguns críticos da época, o circo "roubava" público dos teatros considerados "sérios", misturando linguagens num tipo de apresentação que pouco tinha de educadora, deixando de lado questões sociais ou civilizadoras, e não exigindo de suas plateias um comportamento adequado.

Como a família Chiarini, outras como a Casali, cuja estreia deu-se em Porto Alegre no ano de 1875, e que também vinha de origem italiana, compuseram esse quadro de inovações por que passava o circo brasileiro, tais como a possibilidade de um diálogo cada vez maior entre o tipo tradicional de espetáculo, e as novidades industriais e culturais que davam seus primeiros passos na época, como o cinema e o rádio, por exemplo.

> A interação das técnicas espetaculares entre o teatro e o circo [...], intercalando arena e palco, esboçavam também a formação de um novo campo de trabalho e um novo tipo de profissional [...]. Para a maior parte dos estudiosos, esse tipo de produção circense somente ocorreria a partir da década de 1910, porém, na prática, todas aquelas atividades já faziam parte das experiências circenses. (Silva, 2007, p. 82-3)

Sobretudo nas últimas décadas do século XIX, em que a produção cultural brasileira, de um modo geral, vivia um momento de efervescência.

Assim, utilizando o melodrama como linguagem na apresentação de seus espetáculos teatrais, os circos lançavam mão de adaptações de histórias já conhecidas do público, fossem estrangeiras ou nacionais, ou criavam suas próprias peças, incrementando a produção de circo-teatro pelo país. Muitos teatros possuíam infraestrutura para receber essas companhias, ou simplesmente dispunham de reformas em seu espaço com o fim único de comportar melhor as necessidades das trupes circenses, em suas temporadas.

> Linn quer ser acrobata de circo. Ela escreve longas cartas para os Irmãos Ringling. O que a preocupa é saber se terá de viver no circo, enquanto estiver

aprendendo a profissão. Não vejo nenhuma tristeza em seu olhar, diante da ideia de que terá de se separar de mim [sua mãe]. É a questão da bagagem que a incomoda: que roupas e livros levar. (Ullmann, 2008, p. 64)

# ★ 4 ★

# CIRCO-TEATRO E MELODRAMA

 [...]

Palhaço, corista,

Trapézio, dançarina,

Maestro, cortina,

É fé na flauta e pé na pista!

(*Opereta do casamento*, Chico Buarque e Edu Lobo)

Quando chovia muito, nós passávamos até fome, porque não tinha como nos apresentarmos. Mas nem por isso eu deixava o circo porque foi ele a minha grande alegria. Aliás, circo é alegria, é cultura! E para mim, ele representa a primeira grande diversão de todas as cidades de interior nesse país. Nada como a gente fazer aquilo que gosta. Hoje, só resta a saudade dos circos que só levaram felicidade para todo o Brasil.

Assim, o ator circense Lázaro Batista de Lima, conhecido apenas por Torradinho, definiu o ofício que desempenhou durante oito anos, entre idas e vindas, a partir do ano de 1954, desde quando deixou a Rádio Piratininga em São Paulo, onde cantava, para arriscar-se no palco de um pequeno circo-teatro, fazendo o negro Tomé, na peça *A verdade de um escravo*, de autoria não identificada. Torradinho nasceu em 16 de dezembro de 1934, e, se o período de sua atuação em circos não foi tão extenso quanto sua carreira de cantor, violeiro e compositor de modas sertanejas, a paixão que o circo despertou em seu coração não ficou para trás, renovando-se nitidamente em cada um dos gestos de suas mãos ágeis e inquietas, ou nos olhos saudosos, de quem muito tem para contar.

Como ele, um sem número de artistas circenses viveram histórias até hoje pouco ouvidas, mas que muito têm a revelar sobre as particularidades de um Brasil, não raro, posto à margem. Baseado em sua vivência, Torradinho refere-se a uma época em que o circo-teatro no país entrava em crise, processo desencadeado pela chegada da televisão em meados da década de 1950. Antes disso, no entanto, a interação com a linguagem teatral marcou de modo contundente a produção dos espetáculos circenses no Brasil.

Sobre isso, Silva (2007) indica que, ainda que o palhaço, ator, autor, cantor, compositor e instrumentista Benjamim de Oliveira seja quase que unanimemente considerado por estudiosos da área como o grande introdutor do circo-teatro brasileiro, não se pode esquecer que a tendência à união das duas linguagens remonta o final do século XVIII, quando, aliás, outro importante circense chamado Albano Pereira, na década de 1870, já utilizava o termo *circo-teatro*. Silva (2007) não diminui, portanto, a importância de Benjamim. Ao contrário, ela apenas chama atenção para o fato de que seu mérito está na consolidação de uma tendência pré-existente, na qual adentraremos, ainda que de modo sucinto, a partir de agora.

Para tanto, é importante que nos fixemos primeiramente no melodrama, cuja gênese remonta o final do século XVIII, durante a Revolução Francesa (1789). A principal marca do gênero que viveu sua fase áurea nos anos do século seguinte e que funciona como a base da linguagem dos circos-teatro, está na "rigorosa oposição de vontades e interesses de dois grupos de personagens, definidos claramente em seu antagonismo como os *bons* e os *maus* e que agem firmemente dentro de suas premissas na busca por seus objetivos" (Pimenta, 2005, p. 135-6).

Desse contraste de ideias, nascem tipos antagônicos como o do torpe vilão e da mocinha ingênua, personagens capazes de alimentar uma espécie de conflito típico dessa estrutura dramática, em que dois núcleos principais dividem as matrizes temáticas da peça, segundo Pimenta (2005). São eles: a reparação da injustiça e a busca da realização amorosa, sempre pontuados por um elemento surpresa capaz de dar fôlego à narrativa de modo a conduzir o processo por meio de revelações inesperadas, feitas por cartas, por exemplo.

"No melodrama, o público está diante de uma longa sucessão de nós, desenlaces e pequenos clímax que se encadeiam até o clímax final, em um arremate geralmente espetacular, apoteótico" (Pimenta, 2005, p. 135-6). O que acontece, no entanto, é que, apesar de sua enorme difusão e do imenso sucesso de público, tanto nas classes de baixa renda quanto na elite, o melodrama foi alvo de muitos debates e críticas, sendo responsabilizado pelo atraso da formação de um teatro social, engajado e civilizador no país.

Na visão de Peter Brooks, como cita Silva (2007, p. 108), o que acontecia era que "as produções melodramáticas acabavam por assumir uma função de 'redescobrir e expressar os mais básicos sentimentos morais e o de render homenagem ao signo do bem'", ideia que equaliza, de certa forma, as visões apoteóticas sobre o gênero, sem ignorar a dicotomia a que se reduz o complexo e contraditório rol de sentimentos humanos, neutralizados, em última análise, nos tipos de personagem dessas montagens.

É assentado sobre essa linguagem polêmica e popular, que o circo-teatro se consolida no Brasil, sobretudo a partir da década de 1910, quando, em 1918, o já citado Benjamim de Oliveira cria com Afonso Spinelli, um pavilhão utilizado como alternativa para enfrentar a crise gerada pela gripe espanhola no Rio de Janeiro. Nesse lugar, os artistas sobreviventes à epidemia eram assimilados, já que muitas companhias, não só circenses, mas também teatrais, pelo mesmo motivo começaram a se desfazer. Daí a associação do espaço de Oliveira e Spinelli, com a fase de maior força do circo-teatro no país.

Acontece que não apenas sob olhares pessimistas viveu esse tipo de representação circense. Também pudera, dado seu enorme sucesso no país, abalado apenas a partir da década de 1950. Embora fosse visto por muitos como sinal de contaminação, ameaçador da arte circense tradicional, o circo-teatro também funcionou, para outros, como uma providencial alternativa econômica. Tanto para os circos, quanto para as companhias teatrais que, com a fusão de ambas as linguagens, tiveram a oportunidade de garantir uma constância em suas atividades, isto é, uma regularidade de apresentações menos incerta.

Também o público saiu ganhando, já que muitas cidades de interior mal possuíam um teatro, o que tornava o acesso da população aos espetáculos da época mais que restrito, evidentemente. Assim, com a possibilidade que o circo tinha de chegar aos mais distantes lugarejos do país, e ainda a preços acessíveis, o teatro também se democratizou, possibilitando ao Brasil inteiro, contato com textos europeus, histórias bíblicas etc. Dessa maneira, o circo apresentava seus números tradicionais na primeira parte do espetáculo e, na segunda, assistia-se à montagem teatral do dia, daí ter sido denominado por muitos também como "circo de primeira e segunda partes".

Foi a partir da década de 1950 que o circo-teatro entrou em sua fase de declínio, não propriamente pela concorrência da televisão em si, mas por crises financeiras e, sobretudo, pela migração de bons atores para o novo veículo que chegava ao país. Também as histórias e a linguagem folhetinesca, com estética ingênua, irreverente e até brega, foram absorvidas pela TV, ainda em fase de experimentações, sem aquilo que se possa chamar de uma identidade própria.

A verdade é que o país inteiro passava por uma transição, tanto no que se refere aos costumes comportamentais, quanto em suas manifestações culturais. Artistas como Luiz Gonzaga, por exemplo, o eterno Rei do Baião, entravam igualmente num período de ostracismo, sobretudo a partir dos 1960, encontrando, então, na decadência do circo-teatro, um espaço de sobrevivência, como evidencia a seguinte declaração dada pelo velho Lua:

> Eu cantava na praça pública, nos coretos, nos circos e até nos quartéis. [...] Eu trabalhei mais de quinze anos nos circos em São Paulo, no Nordeste, em Minas. Eu fazia meu *show* no final da apresentação do circo, era a segunda parte. O cachê não era grande coisa. [...]. Quando acabava [...] o dinheiro era tão pouco que eu ficava com pena e deixava tudo pro circo. E ainda dava pano de circo pra eles. (Dreifus, 1997, p. 209-10)

Até a década de 1970 aproximadamente, ainda podiam ser encontradas algumas companhias de circo--teatro pelo Brasil afora, mas em número e qualidade bastante reduzidos. É nesse período que o circo reassume sua estrutura tradicional e incorpora novas atrações, como recurso de adaptação a essa nova fase, tais como a contratação de *shows* de cantores populares, artistas de televisão e exibições de luta livre.

Vale ainda notar uma curiosidade: o fato de um dos primeiros – e maiores – artistas das massas no país, que foi Gonzagão, ter vivido futuramente, ancorado por uma manifestação tradicional e absolutamente espontânea. Algo, por assim dizer, oposto ao grande fenômeno popular vivido pelo Rei do Baião uma década antes[1]. Como ele, inúmeros artistas apresentaram-se em circos ao longo de suas trajetórias como Amácio Mazzaropi, Cascatinha e Inhana, Grande Otelo, Herivelto Martins e Dercy Gonçalves, para citar alguns.

Dercy Gonçalves, uma mambembe! Thiago Bechara entrevista a atriz no dia 04 de setembro de 2006, em ocasião do seu recebimento do título de Cidadã Paulistana.

A grande dama da comédia brasileira que se tornou Dercy posteriormente, não só não desfrutava de títulos lisonjeiros como este, no início de sua carreira, como sofreu profunda marginalização por seu modo ingenuamente transgressor, conforme ela mesma me confessou no dia 4 de setembro de 2006, na ocasião da entrega do seu título de cidadã paulistana, na Câmara dos Vereadores de São Paulo. Foi no início da década de 1930 que, após ter fugido de casa, seguiu ao lado do cantor Eugênio Pascoal com a dupla *Os Pascoalinos* cantando por inúmeras cidades brasileiras no interior dos estados de São Paulo, Rio de Janeiro e Minas Gerais, e apresentando-se nos mais diversos lugares, inclusive circos, é claro, como ela testemunha também em seu perfil escrito por Maria Adelaide Amaral: "Íamos de cidade em cidade, com uma companhia ou sozinhos, viajando na boleia de um caminhão alugado, ou de carona, e nos apresentávamos em todo tipo de lugar: cinema, teatro, circo, parque, onde fosse possível" (Amaral, 1994, p. 42). Mais adiante, ela retoma:

---

[1] Mesmo considerando que as raízes da música de Luiz Gonzaga estejam também cravadas no solo das expressões populares e vinculadas a uma transmissão oral, não se pode negar que, após o estouro do baião, a partir de 1946, quando da primeira gravação da música-manifesto, *Baião,* pelo grupo Quatro Ases e um Coringa, o artista tornou-se ídolo nacional, assumindo proporções inimagináveis no grande esquema comercial do mercado fonográfico brasileiro. É isso que torna sua futura relação com o circo discrepante sob um determinado aspecto.

[A atriz] Maria Vidal estava trabalhando num circo na praça Afonso Pena, e resolvi tentar minha sorte lá. Fui contratada para cantar, dançar e fazer esquetes. Logo de cara me interessei por um acrobata maravilhoso chamado Vico, e percebi que ele também tinha se interessado por mim. (Pimenta, 2005, p. 26)

Mas voltando aos palcos em declínio do circo-teatro da segunda metade do século XX, vale finalizar ressaltando aqui uma contradição que Pimenta (2005, p. 26) nos aponta:

Hoje, o circo-teatro desapareceu dos grandes circos e está desaparecendo de nosso panorama cultural, pois sendo uma forma de arte extremamente popular, depende da transmissão de suas tradições para sobreviver e, justamente o que o fez mais popular, isto é, seu caráter itinerante, é o que mais dificulta e torna dispersa essa transmissão.

Todo mundo vai ao circo

Menos eu, menos eu...

Como pagar ingresso,

Se eu não tenho nada?

Fico de fora escutando a gargalhada!


A minha vida é um circo...

Sou acrobata na raça...

Só não posso é ser palhaço

Porque eu vivo sem graça!

(*O circo*, Batatinha)

# ★ 5 ★

# CIRCO CONTEMPORÂNEO E ALGUNS DE SEUS PERSONAGENS

Tempos depois do período mencionado anteriormente, mais precisamente a partir da década de 1980, começou a formar-se no Brasil um movimento de desenvolvimento de atividades circenses fora do espaço tradicional dos circos de lona, composto por artistas de variadas áreas relacionadas às expressões corporais como atores, bailarinos e coreógrafos. O circo contemporâneo, também denominado Novo Circo, como indica Silva (2007, p. 288), está, desde então, relacionado à fundação de escolas de circo e grupos artísticos, o que consolida um antigo debate acerca da ideia de ser ou não necessário "um espaço de ensino para filhos de gente de circo, que não só o da lona".

O termo *Novo Circo* gera contrariedades em alguns artistas e estudiosos. Tamaoki justifica:

> Acho o termo Novo Circo pretensioso. Para começar, não fizemos nada de tão novo assim. A grande novidade foi apenas ampliar o acesso a esse conhecimento que até então estava restrito às famílias. É como se os segredos das artes

circenses, antes restritos ao picadeiro, se abrissem para a plateia. Nos dias de hoje, alguns circenses se sentem roubados em seu conhecimento. Entendo o sentimento de perda, mas não podemos nos esquecer que quando as escolas foram criadas, muitas famílias tinham parado de transmitir os conhecimentos do circo para seus descendentes, então a ideia era que, só abrindo esses conhecimentos para outras pessoas, a arte circense sobreviveria no Brasil. (2000)

Ainda que questionamentos como esse viessem do ano de 1925, desde quando a Federação Circense,[1] primeira associação da classe no país, já publicava em seu boletim informações relativas à importância de uma escola de circo brasileira, somente em 1978 foi fundada em São Paulo a Academia Piolin de Artes Circenses, primeiro espaço destinado ao ensino da linguagem do circo, fora do âmbito familiar e da transmissão oral característicos de sua tradição. Segundo os pressupostos de defesa da criação desse espaço, somente assim a perpetuação de tais conhecimentos estaria plenamente garantida. Além disso, a iniciativa democratiza o acesso às técnicas, permitindo que não só as pessoas nascidas em famílias circenses possam desempenhar esse tipo de manifestação artística, já que o ensino estaria a partir de então, sistematizado.

Thiago Bechara e Verônica Tamaoki, no dia 12 de agosto de 2009. Acervo pessoal Thiago Sogayar Bechara.

---

[1] Fundada no dia 20 de março de 1925.

A artista e pesquisadora circense Verônica Tamaoki, em sua obra *O fantasma do circo*, explica, referindo-se à Academia Piolin, na qual se formou equilibrista e malabarista no ano de 1982: "Uma arte não se faz sem seguidores e os filhos das famílias tradicionais do circo nessa época estavam se afastando, então havia muito entusiasmo dos professores de estar criando uma coisa histórica, eles tinham consciência disso" (2000).

A escola de circo, como se vê, sempre foi muito sonhada. Inúmeras pessoas batalharam por ela como o próprio Abelardo Pinto, o famoso palhaço Piolin (1897-1973), sempre alertando para a necessidade de se criar uma academia. Waldemar Seyssel, o Arrelia (1905-2005), chegou inclusive a elaborar um projeto que foi recusado.

Tamaoki (2000) lembra que a escola

> funcionava numa quadra de esportes situada debaixo das arquibancadas do Estádio do Pacaembu, no Tobogã, como era chamado. É um lugar fechado, porque afinal possui um teto, mas que ao mesmo tempo é aberto. As condições eram muito difíceis, os professores todo dia tinham que montar e desmontar a escola. E amontoavam tudo num banheirinho, mas havia poucos aparelhos. Foi lá que eu comecei, embora a escola tenha passado por outro endereço antes, o da Casa do Ator. Do Pacaembu, tivemos ainda uma lona própria no pátio do circo, lá no Anhembi, e depois acabou.

Em seu depoimento, Tamaoki (2000) ressaltou a dificuldade por que os circos itinerantes de lona passam atualmente, chamando atenção para a ausência de companhias como essas que absorvam devidamente a demanda de artistas, obrigados, nesse caso, a sobreviver como saltimbancos ou atores de teatro, por exemplo. Ela enfoca igualmente a questão das leis de incentivo para o circo, cujo valor financeiro dos patrocínios compara-se ao que é destinado à classe teatral, quando a proporção ideal deveria fazer jus, na realidade, a uma produção cinematográfica, dada a despesa necessária à simples montagem de uma lona.

> As condições da Academia Piolin eram tão complicadas, que as reportagens que saíam sobre ela tinham manchetes como "uma escola pobre como o circo".

Mas era algo muito sonhado, muito esperado. O Piolin pediu muito a escola de circo. E essa era uma primeira experiência, então as pessoas iam meio que experimentar, iam ver. Passava gente de todas as áreas. Eu estava me formando em jornalismo. O que me chamou atenção num primeiro instante, foi a dignidade daquelas pessoas que eram os maiores artistas de circo da sua época e agora seriam nossos professores. Pense no seu Roger Avanzi hoje, com seus 87 anos, você vê nele a aristocracia popular, ele é um príncipe. Um homem velho nas carnes, que ao mesmo tempo não tem idade. Quando cheguei na Piolin, me veio muito forte isso: "quero ser como essa gente".

A mesma e imediata paixão foi vivida pelo professor de Educação Física, ator e acrobata Francisco Romano Belluci Filho, desde 1985, quando ao abrir um jornal, deparou-se com o anúncio que redirecionou sua trajetória profissional. Kiko, como é conhecido, tinha na época 20 anos de idade e havia passado pelas faculdades de História e Letras, sem, no entanto, concluir nenhum dos dois cursos, como ele lembra.

Nesse anúncio, estavam procurando um professor de educação física para trabalhar o condicionamento dos alunos de uma escola de circo. Eu praticava ginástica artística e fui até lá. Mas o que me atraiu de verdade foi o fato de ser uma escola de circo. Ela estava no começo ainda e se tornaria, no futuro, o conhecido Circo Escola Picadeiro, do José Wilson Moura Leite. Eu já vinha de algumas experiências com teatro, havia feito cursos, enfim. Quando entrei no picadeiro, percebi então que faria de tudo para não sair mais dali. Foi nesse momento que eu escolhi mesmo o que queria para a minha vida.

No Circo Escola Picadeiro, Kiko teve oportunidade de vivenciar a dinâmica de um circo tradicional, aprendendo todas as tarefas transmitidas normalmente pela oralidade familiar em espaços de lona e serragem. Participou de uma montagem de circo-teatro com a histórica peça *...E o céu uniu dois corações*, de Antenor Pimenta, mas foi na linguagem do Circo Contemporâneo que o artista definiu efetivamente os rumos de sua carreira. Matriculou-se na faculdade de Educação Física, na qual já cursavam o terceiro o ano, três colegas de Picadeiro. Com Guto, André e Felipe, o artista fundou, em 1992, o grupo Acrobáticos Fratelli, com o qual passou a apresentar-se em belos espetáculos de linguagem circense moderna,[2] para empresas, em eventos e *shows*.

Desde então, a carreira circense de Kiko consolidou-se abrindo caminho para novas experiências como ator, participando, dentre outras coisas, de peças com o grupo *Ornitorrinco*, encabeçado por Cacá Rosset, em montagens históricas como *Ubu folias phisicas pataphisicas e musicais* e *Sonho de uma noite de verão*. Com os Acrobáticos Fratelli, produziu eventos, deu aulas, e manteve uma agenda de apresentações invejável durante aproximadamente 15 anos, sempre na linha do Circo Contemporâneo, "movimento" que além da Academia Piolin, teve outros importantes centros precursores como a Escola Nacional do Circo, fundada em 1982 no Rio de Janeiro, e a Escola Picolino de Artes Circenses, em Salvador, Bahia, fundada em 1985, entre outros, por Tamaoki (2000), que complementou:

> O circo é um local onde você entra em contato com seus limites. Quando você dá uma cambalhota, joga três bolinhas, ou se equilibra, esse processo te proporciona um autoconhecimento muito grande. Sempre vejo o circo como um último vestígio de sabedoria, de uma arte antiga. Isso faz muito parte da coisa do mestre, do iniciador e do iniciado, iniciante. Mesmo porque era algo restrito às famílias. Eu me lembro que para aprender cada truque, eu tinha que provar que era digna daquilo. O Jota vinha aos sábados na minha casa, onde ninguém olhasse, para confeccionar as claves. Aquilo era um segredo. Para a própria classe circense não era boa essa abertura, porque quando o público sabe o truque, o mecanismo, ele não valoriza tanto. Zeami, teórico do Teatro Nô, diz que a arte do Nô deve ser transmitida só para pessoas capazes, mesmo se for apenas um homem de cada geração. Quando li isso em Salvador, fiquei meio de rabo preso, pois havia

---

[2] Por moderno, entende-se aqui um tipo de espetáculo diferente das produções dos circos de pau a pique do início do século XIX, no qual a apresentação passa a ser estruturada por um roteiro, de modo que a inserção dos números circenses fique vinculada ao fio condutor de uma determinada história ou sequência de imagens circenses, e não mais ao caráter demonstrativo dos circos tradicionais, em que há aplausos ao fim de cada número, assim como a presença de um mestre de cerimônias.

transmitido os conhecimentos do circo para muita gente. Mas isso é um questionamento válido. Acho que a arte saiu ganhando com o advento das escolas.

O surgimento desses espaços aponta, portanto, uma tendência para o circo no país, a partir da década de 1980, o que, segundo Silva (2007), representa

> algo novo para o processo de constituição da atual teatralidade circense. [...] As escolas ou grupos voltados para o ensino de técnicas circenses têm projetos pedagógicos e sociais dos mais diversos tipos, a partir de iniciativas privadas ou governamentais, e isto é novo na história do circo no Brasil. [...] Aprender a fazer circo, pensado como uma atividade cultural, artística e esportiva. (p. 289-90)
> amplia de modo significativo o rol de expectativas das pessoas que se envolvem com o circo e a percepção acerca da utilidade social desse conjunto de atividades artísticas que podem ser entendidas tanto como possibilidade de inclusão social, por exemplo, quanto como "uma forma a mais de exercitar o físico". (p. 291-2.)

Diante disso, Bolognesi (2003, p. 50) constata que:

> contraditoriamente, a maioria dos alunos formados pelas várias escolas de circo dirige-se à atividade teatral. Até o momento, são ínfimos os resultados dessa política para a renovação do espetáculo circense. Uma das razões desse direcionamento para o teatro deve-se à sedução e à riqueza espetacular que o universo circense proporciona à desgastada cena realista. Assim, a adoção da linguagem circense vem dando um novo alento ao teatro, especialmente àquele de índole experimental

caso do Ornitorrinco, em cujas peças havia números de circo, o que, aliás, aponta efetivamente uma tendência do final do século XX em misturar as linguagens teatral e circense, assim como de dança.

"Essa tendência parece ter sido despertada a partir da busca pelo teatral, tal como se pode ver nos espetáculos do Cirque du Soleil. Portanto, assiste-se desde então a um processo duplo: de um lado, a tea-tralização do circo; de outro, a 'cirquização' do teatro" Bolognesi (2003, p. 185), mesmo considerando que historicamente o circo e o teatro tenham sempre estado próximos. Sobre isso, Verônica Tamaoki concorda com a citação de Bolognesi e a utiliza para reafirmar sua constatação a respeito das difíceis condições do circo no Brasil, apontando o teatro como uma saída estratégica de sobrevivência.

[...]

Qual

Não sei se é nova ilusão

Se após o salto mortal

Existe outra encarnação...


Membros de um elenco

Malas de um destino

Partes de uma orquestra

Duas meninas no imenso vagão...


Negro refletor

Flores de organdi

E o grito do homem voador

Ao cair em si!

(*O circo místico*, Chico Buarque e Edu Lobo)

Fernando Sampaio.

Fernando Sampaio pertence à mesma escola de Kiko Belluci. Literalmente. Os dois conheceram-se no Circo Escola Picadeiro de José Wison Moura Leite, em 1988.

Sou de uma linha de palhaço que aprendeu em escola de circo, então sempre tenho a sensação de que aprendi uma profissão, e adoro a minha profissão, sou muito apaixonado por circo. Se estou de férias, e há um circo em cartaz na cidade, vou assistir. Ver um bom artista de circo me estimula. Então encaro muito como um ofício. Antes eu já tinha uma profissão, me formei em Administração de Empresas, em 1987. Então eu não me permitiria de modo algum ter uma vida *hippie*, ou seja, sem a ambição de ter uma profissão que seja sustentável, digamos, ou algo assim. Experimentar a arte, para ser artista, e ver como seria. Eu sou muito prático e objetivo para isso. E essa escolha também tinha que ser algo objetivo, quer dizer, saber se eu transformaria a paixão que eu tive, na minha profissão, porque meus pais já estavam com a pulga atrás da orelha, era uma troca repentina na carreira, eu já tinha um emprego estável numa multinacional super bacana e aí disse que não queria mais.

E a história se repete. Fernando Sampaio também fundou sua própria companhia no início dos anos 1990, a Cia. Cênica Nau de Ícaros, na qual permaneceu até 1996, e começou a trilhar seu próprio caminho. Paralelamente, Domingos Montagner, outra cria do Circo Escola Picadeiro de Zé Wilson, montava a Pia Fraus Teatro e uniu-se ao ex-colega por volta de 1993 para compor os primeiros números e esquetes circenses que ambos passaram a apresentar em parques de São Paulo, como o Ibirapuera.

Foi em 1997 que, juntos, fundaram o La Mínima Companhia de Ballet e, em seguida, montaram seu primeiro número. Como explicou Fernando:

> Na escola de circo, nossa prática era mais focada na acrobacia, mas tanto o Domingos quanto eu, sem nos conhecermos muito, já tínhamos desde aquela época o pé fincado na palhaçaria. Com o La mínima, ganhamos o primeiro festival mundial de circo que teve no Brasil em 2001 e fomos para a França em 2002, pelo XXIII Festival Mundial de Circo Demain, que é muito forte lá.

Antes disso, ainda em 1999, os dois artistas precisaram transformar o "número das bailarinas" que haviam criado anteriormente, em um espetáculo de mais fôlego.

> Isso porque no Brasil, o mercado de números praticamente não existe. Só é viável se houver um número bom, porque aí você vende para alguma companhia, mas os circos brasileiros não estavam em alta e além disso, o nosso trabalho era mais focado no teatro. No entanto, ao mesmo tempo em que o mercado ainda hoje é ruim, parece estar aumentando, porque há mais pessoas atuando. Há também mais leis de incentivo de circo, e eu acho sim que isso vem em decorrência do chamado Novo Circo, desse advento de escolas e tal. Porque essas pessoas que se formam em academias circenses trazem consigo no mínimo uma bagagem do mercado de teatro, que já é algo mais fomentado, e isso queira ou não tem alguma influência. O teatro tem a característica histórica de ser uma manifestação 'mais oficial', digamos, e o circo carrega essa coisa terrível da 'arte pobre', marginalizada.

O preconceito contra o circo ainda é muito grande. Acho, nesse sentido, que a frequência do Soleil no Brasil ajuda muito, mesmo o ingresso custando aquilo tudo. Mas ele vem de um país onde o circo é incentivado pelo governo. No Brasil há sim uma fatia de mercado, mas ainda muito limitada.

Em 2004, Fernando e Domingos, juntos de outros artistas, criaram o Circo Zanni, que é um

circo muito simples, de médio porte, para umas 400 pessoas. Ele tem uma característica particular porque por um lado traz um espetáculo moderno, contemporâneo, pela formação dos artistas que vêm de escolas, e por outro, sua linguagem é muito tradicional. A estrutura física dele inclusive é a de um circo tradicional, mais intimista. O mestre de cerimônias que é uma figura que tende a ser limada dos circos por amarrar supostamente a apresentação, no Zanni ainda existe e quem faz é o Domingos. Ele tem um talento impressionante para isso e resgata essa linguagem do circo de picadeiro. Outra coisa é a banda, ao vivo. Todos nós, sócios e artistas, tocamos instrumentos: eu toco tuba; o Domingos, saxofone; o Tomás, meu filho, tem um trombone de vara, e por aí vai.

Como eles, perdemos de vista a quantidade de circenses que ajudam a compor esse universo no país. Com persistência e paixão, sobrevivendo de uma arte tão pouco incentivada até o presente momento.

Vamos, a partir de agora, rumar para uma perspectiva mais específica a respeito das artes circenses, em busca das relações particulares que suas técnicas apresentam com o corpo humano. Uma última citação nos introduz melhor ao assunto, evidenciando como o condicionamento físico e seu total conhecimento e domínio dão aos artistas, a desenvoltura necessária para uma *performance*.

No circo, desde seu início até os dias atuais, o corpo desafia seus limites. O artista tem consciência de que pode fracassar. O desempenho artístico do acrobata e sua possível queda não são ilusórios e não pertencem ao reino da ficção. O público, por seu lado, presencia a elaboração do suspense e do temor, que serão logo superados. Em seguida, o espetáculo é acometido pela descontração da *performance* dos palhaços. No espetáculo circense o corpo do artista mostra toda a sua potencialidade. Ele se desnuda para revelar, no espetáculo, a sua grandeza. Riso e fracasso, descontração e possibilidade de queda são os componentes extremos que embasam o espetáculo de circo. A possibilidade do fracasso é evidente, para ser superada, em seguida, com o riso descontraído dos palhaços. Em um polo, o corpo sublime dos ginastas; no outro, o grotesco dos *clowns*. Em forma de espetáculo, o corpo acrobático, no chão ou nas alturas, explora o sublime e desafia as leis naturais. No extremo oposto, como sátira do próprio circo, o corpo grotesco dos palhaços enfatiza o ridículo das situações sublimes, ou, então, presta-se ao jogo cômico improvisado cujo objetivo último é a gargalhada descontraída da plateia. (Silva 2007, p. 45)

[..]

Voar, fugir

Como o rei dos ciganos

Quando junta os cobres seus

Chorar, ganir

Como o mais pobre dos pobres

Dos pobres dos plebeus...


Ir deixando a pele em cada palco

E não olhar pra trás

E nem jamais,

Jamais dizer

Adeus!

(*Na carreira*, Chico Buarque e Edu Lobo)

# INTRODUÇÃO À EDUCAÇÃO FÍSICA

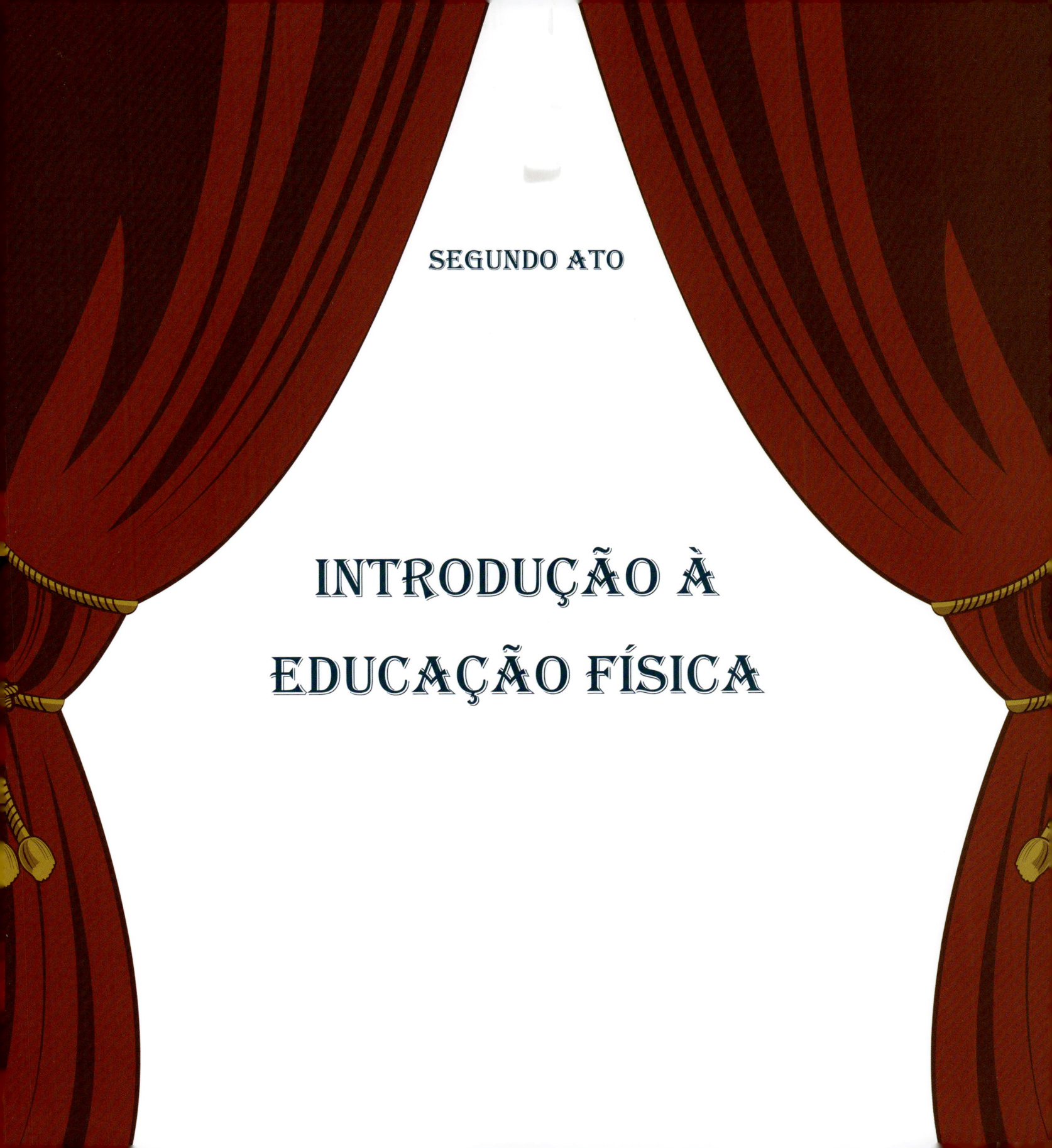

# ★ 1 ★
# INTRODUÇÃO

 [...]

Quando a mãe caiu na sarjeta

Foi seguindo a opereta na garupa do avô

Quando o avô caiu do cavalo foi chorar no intervalo

E mais um ato começou!

[...]

(*Opereta do casamento*, Chico Buarque e Edu Lobo)

Desde a mais remota forma de vida humana na Terra, atividades físicas são praticadas por inúmeras razões e necessidades. Vamos visitar brevemente, a partir de agora, os aspectos mais relevantes dessa trajetória. Para isso, será preciso voltar aos ancestrais da humanidade, milhares de anos antes de Cristo, num tempo em que o homem ainda era um frequentador assíduo de cavernas, mundo afora.

Em seus primórdios, as sociedades organizavam-se ainda em torno de uma estrutura matriarcal. A forte correlação simbólica estabelecida entre a mulher e a natureza marcava de modo singular a compreensão do mundo dessas pessoas que já viviam sob o signo do sedentarismo, assim como do coletivismo. Isso em razão, sobretudo, dos fenômenos tipicamente femininos que diferenciam sobremaneira o corpo do homem e da mulher, como o ciclo menstrual, a capacidade de gerar e dar a luz ou ainda a de amamentar. Daí as mulheres dessa época serem vistas como espécies de deusas, simbolizando a representação micro da mãe natureza, igualmente provedora e misteriosa para a compreensão do sexo oposto.

Num tipo de organização social como essa, em que a terra é de todos, os filhos de cada família são criados comunitariamente, e os fenômenos naturais, ainda que pouco compreendidos, são saudados com fervor a cada ciclo anual, a cada término ou início de colheita, a cada solstício de verão ou de inverno, é simples perceber o quanto se torna desnecessário demarcar terras, dividir territórios ou, em última instância, doutrinar o corpo, já que ainda não há, nesse momento, classes sociais dominantes a serem atendidas pela força física escrava, nem mesmo a necessidade de "servir à pátria" na defesa de seu espaço ou na conquista de novos.

As atividades físicas dessas comunidades primitivas, caso da dança, tinham nesse contexto outro destaque na vida do homem. Como ressalta Oliveira (2004, p. 14-5):

> A dança primitiva podia ter características eminentemente lúdicas como também um caráter ritualístico, onde havia demonstrações de alegria pela caça e pesca feliz ou a dramatização de qualquer evento que merecesse destaque, como os nascimentos e os funerais. Além disso, os primeiros povos perceberam que o exercício corporal, produzindo uma excitação interior, podia levá-los a estados alterados de consciência. Acompanhadas por ruídos que tinham por fim exorcizar os maus espíritos, estas danças duravam horas ou mesmo dias, levando os seus praticantes a acreditar estarem entrando em contato com o poder dos deuses.

Ao mesmo tempo em que a supremacia da mulher na esfera pública de um determinado grupo ou tribo gerava a idolatria masculina, vale notar que resultava também em um grande processo de questionamento sobre sua suposta inferioridade. Além do mais, a partir do instante em que o ser humano se sedentarizou, podemos registrar o início da luta pela posse de terras. É evidente que a fixação ao solo não se deu ao mesmo tempo e em todos os lugares. Fácil será deduzir o que acontecia quando hordas nômades encontravam, em suas peregrinações, os grupos sedentários. (Oliveira, 2004, p. 14)

Saindo das eras Paleolítica e Neolítica, a humanidade entra na Idade dos Metais. Nesse momento, por todas as razões supracitadas, os homens começam a construir armas vislumbrando com isso a possibilidade de controle da natureza, caçando e estocando seu alimento e, claro, também subjugando a mulher, já que passa a deter conhecimentos associados à habilidade de sua robustez física – das quais agora depende a comunidade –, e não mais à solidariedade, à bondade e ao coletivismo, como antes.

Ora, se o homem é capaz de dominar a mãe natureza, por que se manteria inferiorizado a uma suposta "mera representação simbólica" desta, isto é, a mulher? É nesse momento histórico que as sociedades começam a deixar de ser matriarcais e passam a valorizar, predominantemente, elementos tipicamente masculinos – transformação da qual colhemos os frutos ainda hoje, embora atualmente se possa falar num gradual processo de equilíbrio entre as funções sociais "destinadas" a cada sexo.

Nesse tempo, em que territórios passam a ser apropriados, surge o conceito de hereditariedade, já que o novo objetivo do homem é acumular, concentrar ao máximo o poder adquirido, tornando-se agora proprietário. Nasce dessa mentalidade, a razão pela qual os corpos têm de ser doutrinados, buscando vantagens na busca de novas posses, em relação ao outro.

Num salto histórico, passaremos agora rapidamente pelas práticas esportivas da Antiguidade Oriental, destacando as atividades físicas desempenhadas na Índia e no Egito, mas, sobretudo, na China que

talvez seja a possuidora da mais antiga história do esporte e, seguramente, foi a que mais influenciou a Educação Física no Extremo Oriente. Os chineses foram hábeis caçadores, lutadores, nadadores, praticantes de esgrima, do hipismo e de um esporte que hoje chamaríamos de futebol (*tsu-chu*). (Oliveira, 2004, p. 20)

> Os jogos e os esportes, como fenômenos sociais, podem ser entendidos como moderadores do comportamento humano, capazes de canalizar o impulso agressivo presente no desenvolvimento social do homem ao longo do tempo. [...] Esse processo foi fundamental para a humanidade desenvolver-se em torno de leis que pautassem o comportamento e a convivência, que atualmente conhecemos como direitos humanos. (Júnior et al., 2005, p. 14)

Considerando ainda o conceito de jogo, de um modo mais amplo, chegamos à semiótica em que ele aparece como uma das principais raízes da cultura humana. Desde que o homem é homem, o jogo perpassa suas relações das mais diversas formas, e as manifestações artísticas, sem exceção, integram essa espécie de elemento formador da humanidade. Todas as características que integram o conceito semiótico de jogo – como a existência de regras pré-estabelecidas e a determinação do tempo que durará essa espécie de transição do corpo físico para uma segunda realidade, em que a vida cotidiana fica provisoriamente suspensa –, estão mais que presentes, seja em peças teatrais, apresentações musicais ou espetáculos circenses, para citar alguns. Esta é outra relação possível – e necessária – entre o circo e a Educação Física, já que tanto um quanto outro compõem tipos diferentes de jogos e estão, nesse sentido, presentes no cerne da formação social de qualquer cultura.

"Nesse ambiente, [qualquer] equipe passa a ser entendida como um microssistema social complexo e dinâmico" (Júnior et al., 2005, p. 14-5). A importância das regras do jogo, isto é, suas justificativas, devem, para tanto, estar bem claras e sujeitas à discussão.

Em seguida, aportamos novamente em solo grego, um dos principais nascedouros, por sua vez, de toda a cultura ocidental. Na Grécia Antiga, além de as práticas corporais já estarem bastante evidenciadas, nota-se paralelamente ao vigor físico dos atletas olímpicos, um forte cunho artístico, conferindo conotação espetacular e cultural[1] às suas atividades, sem, no entanto, perder de vista as finalidades militares, visando a corpos saudáveis e aptos a guerrear pela conquista de novas divisas. Até aqueles que não fossem militares ou mesmo escravos, já se exercitavam naturalmente na lida diária, plantando, colhendo, limpando, arando ou cuidando do gado.

---

[1] Prova é que, quem tinha acesso a esse tipo de prática, pertencia a uma determinada parcela dominante da sociedade.

> A par dos exercícios que levassem a um bom desempenho atlético da aristo-
> cracia guerreira, grande privilegiada dessa época, [os gregos] aprendiam também
> as artes musicais e a retórica. Em se tratando de tempos heroicos, a educação
> era marcadamente guerreira. Tinha como traço essencial o mais alto ideal ca-
> valheiresco (*aretê*) e o desejo de ser sempre o melhor (*agonística*), que vieram a
> caracterizar o povo [nessa época]. (Oliveira, 2004, p. 22-3)

Muitos séculos depois, já no início do XIX, um coronel espanhol chamado Francisco Amoros (1770-1848), estabelece fortes laços com a corrente pedagógica higienista, em total conformidade com a prática militar que por todos esses anos marcaria o processo de ensino da Educação Física, cuja história tem sua largada oficial precisamente neste momento, como consideram muitos estudiosos. Amoros cria um ginásio, o Real Instituto Militar Pestalozziano, e formata com finalidade pedagógica todas aquelas atividades que, de modo mais amplo, os circenses já conheciam muito bem, como o hipismo e a esgrima.

O que ocorre é que a ludicidade desses movimentos é doutrinada de forma a excluir todo e qualquer tipo de espontaneidade, elemento antes presente no caráter artístico das trupes de rua. Daí nascem as primeiras ginásticas que passam a ser ensinadas nas escolas, numa época de desenvolvimento urbano e industrial, em que educar o corpo significa servir às necessidades geradas por essa transformação social, por exemplo, discipliná-lo para jornadas diárias em fábricas.[2]

Por muito tempo, essa visão esteve intensificada, produzindo uma relação cada vez mais mecanizada entre o homem e seu corpo. Uma percepção de corporeidade, por assim dizer, desvinculada do contexto sócio-histórico-cultural em que deveria estar inserida. É o que salienta Barros (2004) ao explicar que a visão que se tem sobre o corpo tem de

> evidenciar o ser humano como unidade que trabalha o movimento corporal em
> sua totalidade, em função de dois momentos: o ser humano e o mundo. Assim,

---

[2] Aliás, o mundo contemporâneo perdeu, de modo geral – e isso se deve em grande parte à urbanização e à industrializa-ção citadas acima –, muito do seu contato com a natureza, esquecendo que faz parte dela. Da mesma forma, ignoramos nosso corpo, nosso sono, nossa fome, nossos processos psicossomáticos diante de determinados estímulos da vida, e nos esquecemos de reaprender como nos manter saudáveis, ideia essa, bastante recente também, diga-se de passagem.

poderemos arriscar dizendo que o sentido da corporeidade poderá levar o processo de ensino e aprendizagem a uma nova perspectiva de abordagem da ética e da dignidade humana na prática pedagógica dos professores de Educação Física nas escolas.

E na realidade, essa perspectiva já começa a integrar o pensamento contemporâneo, ainda que o percurso seja trilhado, naturalmente, de forma bastante lenta. Há aproximadamente duas décadas fala-se em cultura corporal, na busca de uma compreensão total da chamada corporeidade, conforme explica Daolio (2003, p. 1-2)

> O termo "cultura" parece definitivamente fazer parte da educação física, fato impensável há duas décadas e que sugere, no mínimo, que as ciências humanas têm influenciado a área. [...] O corpo era somente visto como conjunto de ossos e músculos e não expressão da cultura; o esporte era apenas passatempo ou atividade que visava ao rendimento atlético e não fenômeno político; a educação física era vista como área exclusivamente biológica e não como uma área que pode ser explicada pelas ciências humanas.

Complementando essa ideia, Marcos Garcia Neira e Ricardo Ricci Uvinha, no livro *Cultura corporal: diálogos entre educação física e lazer* (2009), exploram a ideia de cultura corporal como algo que não apenas constitui a cultura humana, mas é também constituído por ela. Partindo desse pressuposto, a cultura nasce da relação de oposição que há historicamente entre grupos sociais distintos e que são, portanto, sempre desiguais. O intuito dos autores, bem como o nosso, é evitar ao máximo um conceito de cultura que sirva para "exaltar" ou "diminuir" um grupo ou outro, e incentivar, por meio de uma discussão que passe pela Educação Física e pela escola, a diminuição dessas diferenças via a adoção de vivências relacionadas à valorização do patrimônio cultural próprio de cada comunidade. Para tanto é necessário que a escola trave diálogo entre as mais variadas produções culturais, dando-lhes voz de modo a evidenciar os contextos distintos em que são produzidas, assim como a maneira de se relacionarem.[3]

Daí a atenção especial que este livro dá às práticas circenses, capazes de contribuir justamente neste sentido, isto é, contemplando não apenas os dois aspectos hoje entendidos como inerentes do corpo humano – biológico e social –, mas também propiciando uma melhor relação entre eles, abrindo novos caminhos para a questão, tais como os relativos à possibilidade de inserção da atividade circense no mercado de trabalho da Educação Física e visando, com isso, a seus principais campos de atuação, seja em clubes, academias, cursos, oficinas, ou mesmo em casos de alunos com necessidades especiais.

Isso para não citar a clara possibilidade de profissionalização dentro do próprio universo artístico, adentrando, também, no mercado de companhias circenses, nacionais ou internacionais, fixas ou itinerantes, companhias de teatro, dança, além da promoção de festas e eventos.

A prática circense contempla indistintamente as mais diversas faixas etárias e os mais diferentes níveis de habilidade pertinentes a cada uma. Promove, indiscutivelmente, o bem-estar e a satisfação pessoal por meio de uma atividade de lazer e superação capaz de contribuir decisivamente com a saúde não apenas física, mas emotiva e espiritual de cada indivíduo.

Do mesmo modo, trata-se de uma experiência com base formativa. Aplicada, portanto, ao contexto educacional, viabiliza um conhecimento relativo à cultura corporal obtido de modo, sobretudo, motivador. E é com essas duas matrizes – a do circo como atividade formativa e, posteriormente, como opção de lazer aliada à saúde – que seguimos, a partir de agora, nossa viagem.

---

[3] O que se revela fundamental na perspectiva da pedagogia pós-crítica que Neira e Uvinha (2009) endossam, é a sua capacidade de fazer do aluno sujeito histórico, intervindo ativamente no contexto cultural em que vive, e de forma consciente e dinâmica, por compreender os mecanismos e relações sociais de seu tempo e de seu grupo social. Com base em suas vivências particulares é que se determinará a identidade de cada manifestação corporal. Daí a ideia do gesto como texto cultural, impregnado da intenção comunicativa própria das particularidades de cada comunidade.

# ★ 2 ★

# A ATIVIDADE CIRCENSE NA EDUCAÇÃO FÍSICA ESCOLAR

O que falta é entender que a aula de Educação Física deve acontecer em função do aluno. (Moreira, 2004, p. 26)

Voltando à nossa breve caminhada histórica, vale a pena conhecer melhor o processo de constituição do exercício físico agora como componente curricular, isto é, buscando algumas das origens da sistematização de sua prática segundo diretrizes pedagógicas.

A partir do momento em que as escolas municipais da corte portuguesa passam a inserir aulas de Educação Física em sua grade curricular, a disciplina como a conhecemos hoje ganha maior legitimação social, chegando ao Brasil em seu período republicano, no final do século XIX.

O século XX, por sua vez, é sabidamente marcado por inúmeras transformações educacionais pelo mundo, dentre as quais podemos ressaltar aquelas relativas à associação das artes de modo geral como ferramenta pedagógica da educação escolar. O ensino de música, teatro, dança e artes plásticas colabora de modo singular, a fim de ampliar a percepção sensível do universo, por parte dos alunos, bem como de desenvolver a criatividade e a possibilidade de melhor expressão, características cada vez mais caras ao mundo contemporâneo e, contraditoriamente, pouco incentivadas, sobretudo a partir do momento em que a aplicação desse tipo de ensino nas escolas passa a ser feita de maneira mecanizada, isto é, substituindo uma condução responsável das disciplinas por parte dos educadores, pela postura excessivamente liberal que reduz à quase insignificância os princípios elementares de uma aplicação correta da ideia.

A Educação Física Escolar no Brasil vem, portanto, passando por um processo gradual de transformação, iniciado, é verdade, muito recentemente, no que diz respeito à formação profissional dos educadores. Embora ainda seja necessário um longo caminho rumo à prática que reflita um processo efetivo de discussão de sua formação, já se pode notar um movimento vislumbrando esse distanciamento da mera capacitação técnica que onerosamente limita historicamente o campo de visão do indivíduo acerca de toda complexidade humana.[1]

Por esse processo de discussão, entende-se nada mais que a busca pela viabilidade prática das ideias que hoje guiam o profissional da Educação Física enquanto educador:

> O jogo e o esporte, como instrumentos educacionais, devem contribuir para a construção de valores morais e éticos, coibindo a competição exacerbada e a conquista de resultados a qualquer custo. [...]. Para [Ana Moser, presidente do Instituto Esporte Educação], as modalidades esportivas, além do espetáculo, podem ser exploradas como instrumento de comunicação, expressão de sentimentos e emoções, promoção de cidadania – pelas regras e pela competição com valores positivos –, lazer e saúde. (Júnior et al., 2005, p. 16-7)

---

[1] Um dos fatores importantes que colaboram para essa limitação, como ressalta o livro *Educação física escolar: do berçário ao ensino médio*, organizado por Jorge Sergio Pérez Gallardo, pode ser o crescimento do mercado de trabalho na área, dando ao professor a possibilidade de uma melhor remuneração à medida que este amplia sua atuação profissional para outros espaços como academias, clubes e hotéis. Diante de sua necessidade de sobrevivência, a escola representará para ele, neste sentido, uma opção secundária ou alternativa de emprego, o que, somado à nítida desconexão existente entre a formação e a atuação desses professores, resulta numa lacuna significativa, presente no contexto escolar de modo a dificultar visivelmente a constituição acadêmica de uma perspectiva mais ampla do potencial pedagógico presente nessas aulas.

Isso também se aplica às atividades gímnicas que, como conteúdo da Educação Física, tanto podem contribuir "para a formação do indivíduo" (Moreira, 2004, p. 41). A relação da ginástica com os valores particulares de cada país onde ela é desenvolvida representa um ponto relevante para sua prática, em qualquer circunstância.

> Ela abrange todas essas manifestações [dança, artes cênicas, artes circenses] com significado gímnico, ou seja, a prática dessa atividade desenvolve capacidades físicas como: força, agilidade, coordenação, ritmo, flexibilidade, entre outras, que permitem ao indivíduo superar dificuldades no decorrer de sua vida. (Moreira, 2004, p. 41)

Também a aplicação das atividades rítmicas e expressivas tem essa potencialidade de fornecer ao aluno a visão do contexto social em que se encontra, colaborando para a formação de valores éticos, lúcidos, críticos, autônomos.

> Por meio das danças e brincadeiras os alunos poderão conhecer as qualidades do movimento expressivo como leve/pesado, forte/fraco, rápido/lento, fluido/interrompido, intensidade, duração, direção, sendo capaz de analisá-lo a partir destes referenciais; conhecer algumas técnicas de execução de movimentos e utilizar-se delas; ser capazes de improvisar, de construir coreografias, e, por fim, de adotar atitudes de valorização e apreciação dessas manifestações expressivas. (Brasil, 1997, p. 53)

A busca pelas potencialidades criativas do aluno, pelo respeito em suas inter-relações e pelo autoconhecimento dá à Educação Física Escolar a enorme responsabilidade de formar indivíduos conscientes, solidários, críticos e participativos da sociedade em que vivem. Evidentemente, qualquer que seja a proposta de uma aula, tem de ser compatível com a capacidade de execução dos alunos, o que invalida o argumento segundo o qual, não se pode aplicar ginástica ou atividades circenses em escolas em razão das supostas dificuldades técnicas de seus movimentos.

> Não se pode exigir que todos os alunos tenham um desempenho equivalente àquele expressado no alto nível competitivo, com precisão na execução de seus elementos, requerendo posições corporais distintas das ações cotidianas, habilidades diferentes como as acrobacias e os manejos de aparelhos. (Moreira, 2004, p. 36-7)

É necessário, portanto, que o professor tenha conhecimento técnico suficiente e, sobretudo, uma percepção sensível e individualizada de cada aluno, de modo a poder particularizar cada caso, avaliando-o segundo critérios também particulares, já que não se pode cobrar um padrão de resultados na execução dos exercícios, se considerarmos que cada criança possui aptidões motoras, interesses e motivações absolutamente diferentes.

Esse pensamento, por sua vez, dialoga com a seguinte citação: "A aprendizagem é mais significativa quando o aluno consegue estabelecer relações com sentido entre o que já conhece e o novo conteúdo" (Júnior et al., 2005, p. 24). A frase contorna com clareza a ideia de que, portanto, cada novo conteúdo tem de ser construído de forma igualmente ajustada à realidade psíquica, emotiva, afetiva, motora, cultural, bem como aos valores e referências éticas de cada um.

Nesse mesmo caminho, estão os já citados por Neira e Uvinha (2009), os autores não só realçam a responsabilidade da escola de socializar o patrimônio cultural, formando e mediando as relações humanas, como deixam claro ser esta postura apenas ponto de partida para a viabilização de uma leitura crítica dos contextos ideológicos encontrados na sociedade.

Buscando esse ajuste e, portanto, uma pedagogia que instrumentalize melhor o aluno para sua relação com o mundo em que vive, o universo circense revela-se uma alternativa extremamente eficiente por suprir, de modo particular, as principais necessidades de ensino contempladas por essa perspectiva, dada não apenas sua estreita relação com o corpo humano, e, nesse sentido, com a linguagem específica da chamada cultura corporal, mas principalmente a diversidade própria de sua estrutura espetacular, abrigando em seu potencial expressivo, as mais variadas opções de exercícios para o desenvolvimento corporal, visando a constituição de um pensamento crítico.

Dessa maneira, a prática da Educação Física na escola assume um papel de construção de uma cultura reflexiva e não mais a prática pela prática, o movimento pelo movimento, separando aptos e inaptos. O aluno deve tornar-se o centro do processo de ensino-aprendizagem. O professor deve ser o mediador entre o conhecimento e o aluno. (Moreira, 2004, p. 19-20)

Vale frisar que a intenção deste livro não é, evidentemente, a de formar artistas ou promover qualquer tipo de profissionalização dentro do universo do circo. Este serve, por sua vez, como via de acesso para transformações individuais e, em escala universal, para mudanças no ser humano, já que isso proporciona uma plena experiência corporal, física, postural, e leva ao autoconhecimento, elemento embrionário para qualquer espécie possível de alteração social. Isso, porque o "poder" do homem não reside apenas no "saber", mas no "saber-se". E é apropriando-se desse conhecimento que suas fronteiras de visão expandem-se de forma decisiva para uma óptica universal da humanidade. Sobretudo quando pensamos nesta particularidade como o conjunto de noções que somos capazes de estabelecer sobre nós mesmos.

Desse processo, faz parte indissociável a relação que travamos com nosso próprio corpo, podendo, se quiséssemos, e caso fosse relevante para este estudo, estender a discussão, inclusive, a outros campos sociais, por exemplo o da espiritualidade, igualmente importantes dentre todas as esferas constituintes de qualquer cultura.

Além disso, há na arte em si o grande poder de criar, capaz, por sua vez, de inovar, ensinar e ressignificar estruturas de compreensão pessoal e social, já que, nas palavras de Carbinatto et al. (2004) "o ato criador estrutura e organiza o mundo [...], num constante processo de transformação do ser humano e de sua realidade". E no caso específico do circo, é claro, isso não difere. Muito ao contrário: tem essa potencialidade amplificada.

No circo, "o registro sensorial prevalece ao intelectual" (Bolognesi, 2003, p. 186). Mas uma aula de Educação Física, independentemente de qualquer coisa, ao contrário do que muitos ainda possam pensar, não visa possibilitar exclusivamente o desenvolvimento motor de seus alunos. Deve, como estamos vendo, dar a estes, paralelamente, uma oportunidade de conhecer e assimilar tudo aquilo que diga respeito à produção cultural e social do homem, intenção ao encontro da qual também vão as práticas circenses, capazes não só de estimular o processo criativo, proporcionando maior liberdade de expressão a cada indivíduo, mas também – e principalmente – de despertar uma postura crítica, fundamental para o "questionamento do próprio sistema", de um modo mais amplo, como realça Carbinatto et al. (2004).

Cabe especular, no entanto, até onde esta liberdade e este posicionamento crítico são convenientes às instituições de ensino, já que a linguagem circense e sua inserção nas grades curriculares das escolas no país vêm sendo, por assim dizer, ignoradas.

As manifestações da cultura corporal circense, como podemos chamar, portanto, o conjunto de atividades físicas que integram tradicionalmente essa linguagem artística, têm em si o potencial de propiciar ao corpo humano, segundo Carbinatto et al. (2004), a experimentação de toda uma rede de signos como "liberdade, desafio, aventura", a partir da vivência de incontáveis sensações, de modo a inverter ludicamente a lógica da vida, quando o artista se põe a andar de pernas para o ar, ou contorcendo-se de maneira totalmente improvável diante dos olhos do público, algo que ao mesmo tempo atrai e aterroriza.

Essas manifestações simbolizam a contradição dos conceitos de corpo perfeito, exemplar e isolado que a ciência tenta disciplinar com rigidez quase antinatural, e possuem, por sua vez, um particular sentido histórico para a Igreja, que associou os membros inferiores e genitais do corpo humano ao pecado, isto é, ao inferno, bem como a cabeça, símbolo de racionalidade e lucidez, ao céu. Não é difícil deduzir, diante disso, qual a postura do clero em relação às "inversões" do circo, o que evidentemente manteve-se refletido na sociedade como se pode constatar ao se buscar perceber qual o espaço dentro dela, é ainda hoje destinado a tais expressões artísticas.

A partir do universo mágico e polêmico das artes circenses, as quais trazem, nas palavras da autora, "uma aprendizagem para além da lógica e da razão, e valorizando também o inconsciente, o irracional e o imaginário", criam-se condições de rompimento com as visões das práticas esportivas que têm no corpo apenas um objeto de intervenção das ciências – Anatomia, Cinesiologia, Fisiologia –, estando ele no centro da cena circense contemporânea, isto é, sendo o corpo, considerado a matriz do espetáculo, desde quando "a partir da segunda metade do século XIX, o cavalo perdeu seu posto de imperador [...]. Assistiu-se, então, ao triunfo da acrobacia e, com isso, estava aberta a trilha que possibilitaria a busca do sentido do espetáculo circense na ação corporal" (Bolognesi, 2003, p. 189).

A essência das modalidades circenses está no verbo ousar. E, como escreve Carbinatto et al. (2004), também em "encantar e trabalhar para trazer novas possibilidades de gestos, ações e práticas humanas", estimulando um olhar, uma postura e um comportamento críticos.

De volta a Bolognesi (2003, p. 187), sobre a supremacia das habilidades físicas do artista, o autor pondera:

> No circo, a associação de um enredo aos exercícios e números não inviabiliza o reconhecimento da proeza corporal como base das artes do picadeiro. [...]. A eficácia estética, nesse caso, tem um meio específico de realização: o corpo humano. A proeza delimita o extraordinário. A educação corporal específica do circo induz à realização de atos impossíveis aos homens, no cotidiano. Essa educação de extremo requinte técnico, no entanto, visa à exploração de sentimentos e emoções do público.

A Educação Física Escolar é um componente curricular que apresenta como conteúdos principais a serem desenvolvidos, elementos da cultura corporal expressados pelas danças, jogos, lutas, ginásticas e atividades rítmicas, isto é, elementos que viabilizam o conhecimento do próprio corpo e que, portanto, poderiam atingir também objetivos sociais, políticos, culturais, afetivos, expressivos, como vêm propondo os Parâmetros Curriculares Nacionais de Educação Física, os PCNs.

Com isso, torna-se evidente a possibilidade de articulação das manifestações circenses com os três blocos de conteúdos propostos pelo documento, a serem trabalhados em aula,[2] já que contemplam integralmente os objetivos de "democratizar, humanizar e diversificar a prática pedagógica da área, buscando ampliar, de uma visão apenas biológica, para um trabalho que incorpore as dimensões afetivas, cognitivas e socioculturais dos alunos" (Brasil, 1997, p. 15).

Vamos, a partir de agora, deixar o âmbito escolar e nos encaminhar para outros campos nos quais a Educação Física possa ser beneficiada por sua relação com o circo.

---

[2] Quais sejam, bloco 1: lutas, esportes, jogos e ginástica; bloco 2: atividades rítmicas e expressivas; bloco 3: conhecimentos sobre o corpo.

# $\star$ 3 $\star$

# BATE-PAPO COM OS ESPECIALISTAS

## 1 Cristiane Cassoni entrevista Luiz Rodrigues

1) *A mentalidade que se tem acerca da Educação Física Escolar vem sofrendo uma gradual transformação nos últimos anos, o que abre espaço para uma pedagogia mais preocupada em formar cidadãos conscientes e participativos. Existe como determinar qual fator histórico desencadeou esse processo de transformação?*

É muito difuso, mas acho que dá para pensar em alguns palpites que orientam um pouco a tentativa de responder a essa pergunta. O primeiro deles diz respeito à evolução da Educação Física em termos do seu arcabouço científico. Até meados de 1980, viveu-se um momento, digamos pré-científico, que a gente brinca de chamar de pré-histórico, porque a prática da Educação Física era muito pautada pela repetição, pelo empirismo e muito pouco pelo respaldo científico.

Após uma série de fatores, num dado momento, a Educação Física passa a ter a preocupação de respaldar suas ações em fundamentos científicos. E aí ela cresce bastante do ponto de vista da produção acadêmica. O que as pessoas da área têm percebido é que, aproximadamente até meados da década de 1990, apesar de muito ter sido feito em termos de pesquisa na área da Educação Física Escolar, quando a gente se volta para a prática, esta continua muito próxima do modelo que privilegia os habilidosos, que foi duramente criticada pelos pesquisadores, a chamada prática do "rola a bola", na qual o professor chega e deixa a coisa acontecer livremente, divide os times, separa os espaços acreditando que está fazendo um bom trabalho. E não se vê toda essa década de produção científica sendo assimilada pelo professor na escola, o que, evidentemente, causa preocupação. Evoluímos, é certo. Caminhamos muito, temos inúmeros congressos e revistas científicas, mestrados e doutorados no estado de São Paulo, a revolução científica aconteceu, mas essa produção toda acaba não sendo percebida na escola.

Então como é que a gente faz para organizar essa coisa toda que foi produzida cientificamente de modo que o professor possa assimilar isso e transformar sua prática? Até porque, se essa produção científica estiver desassociada da realidade, isso não faz o menor sentido para a melhoria da qualidade da Educação Física Escolar. Sem ação pedagógica não há o que podemos chamar de transposição didática.

Um outro marco importante que, na minha opinião, é decorrente de todo esse amadurecimento científico, é o surgimento dos PCN que, mesmo não tendo uma preocupação exclusiva com a Educação Física Escolar, têm com a educação de uma forma geral. Esse documento foi pensado por um grupo de pessoas que se envolveram na sua produção de um modo muito cuidadoso, buscando sempre uma reflexão profunda acerca de toda essa produção de que falamos.

Dando vazão e tentando organizar esses princípios, surge uma outra questão que me parece fundamental, que é a possibilidade de a gente tratar os conteúdos não só do ponto de vista procedimental, mas também conceitual e atitudinal. Importante destacar que isso não está descolado de uma realidade planetária porque a gente tem como perspectivas para o século XXI, os quatro pilares da Educação propostos pela Unesco que, de certa forma, falam da mesma coisa que os PCN, em termos de organização dos conteúdos. De outra maneira, é verdade, mas também tratam da dimensão atitudinal, mirando questões como o saber ser, o saber relacionar-se, da dimensão conceitual quando destacam a necessidade de aprender a conhecer e, por último, a dimensão procedimental que destaca a necessidade de se aprender a fazer.

Acho que isso tudo representa para a Educação Física, sobretudo a Escolar, um avanço significativo, porque até então, mesmo que legalmente ela já fosse reconhecida como disciplina escolar e não mais como mera atividade, faltava algo em sua identidade, que é a questão do estudo. É preciso que haja um aparato conceitual que respalde este estudo.

Eu tenho pensado que não dá para a Educação Física ser uma disciplina, como a maioria das outras, predominantemente conceitual. Ainda acredito que ela deva ser mais procedimental, porém respaldada conceitualmente, de modo a agregar os valores como metas de aprendizagens.

Então, resumindo, penso que a Educação Física sofre uma transformação muito grande em função da pesquisa científica e em função da percepção de que estava havendo uma desassociação entre aquilo que se pesquisava e aquilo o que se fazia. Daí o surgimento dos PCN como possibilidade de organização, ou ao menos uma nova forma de organização, com um enfoque maior na transposição didática de todas as áreas, pois hoje a Educação Física cresceu muito. Temos grandes especialistas em História da Educação Física, na sua Sociologia, Fisiologia, há muita pesquisa. E o professor, diante disso, fica responsável por fazer a ponte entre esse conhecimento (que vem com uma linguagem muito específica) e a realidade dos nossos alunos, tendo em vista a elevação do nível de consciência deles acerca dessa prática.

2) *Existe como estimar qual o tempo necessário para que essa nova ideia seja plenamente adotada e, sobretudo, implantada na prática escolar?*

A gente está chegando perto dessa realidade, embora ainda haja muita gente na escola trabalhando a Educação Física sob uma perspectiva conservadora. Mesmo em escolas mais progressistas. Existe uma grande diferença entre o que as pessoas dizem que fazem e o que realmente fazem. Outra dificuldade é a limitação de espaço físico e das organizações das turmas, pois elas têm sido muito numerosas para dar conta dos objetivos que julgamos razoáveis, quer dizer, trabalhar esses alunos com foco nas questões conceituais, procedimentais, ter oportunidade prática. Não a prática buscando alta *performance*, mas no sentido da vivência, para que num dado momento da sua vida você possa fazer a sua escolha, de como utilizar essa bagagem, pois a tem disponível.

Infelizmente isso ainda não está acontecendo na Educação Física, pois são poucas as escolas particulares, com seus grupos mais reduzidos de alunos, com uma oferta mais adequada de equipamentos, material, espaço físico, onde se consegue efetivar esse projeto. Nas redes públicas de uma forma geral, ainda estamos com dificuldade de implantar isso. Temos acompanhado alguns professores, cuja formação inclui uma perspectiva bastante engajada e que na prática lutam por ela, mas isso dura um, dois, três anos. Depois acabam abortando o projeto porque estão em uma escola que não há a condição e o respaldo necessários, por exemplo.

E por mais que a gente insista em adaptar alguns tipos de material, criar alternativas, chega uma hora em que você precisa de uma cesta de basquete, ou mesmo de uma bola. Não dá para jogar a vida inteira com um cesto de lixo, por exemplo, até porque isso vai se distanciando de outra questão que não devemos perder de vista que é a relação com a cultura da sociedade. Aquilo o que está sendo produzido em termos de cultura corporal precisa ser trazido para o ambiente da escola, porque sem essa correspondência, a escola fica desvinculada da realidade e perde a sua essência.[1]

3) *Como você vê o circo nesse novo contexto?*

Tenho pensado no circo há um bom tempo como sendo um dos blocos de conteúdos formais da escola – posto que, à semelhança da capoeira, é difícil de enquadrá-lo nas tematizações "jogo, luta, dança e esporte", pois sua realidade se apropria um pouco de cada item. Levando em consideração a proposta temática dos PCN, vejo que as atividades circenses podem compor com a tematização da ginástica. Os elementos básicos do circo apresentam uma aproximação grande com aquela base da ginástica de solo, com a ginástica olímpica, enquanto fazem uso dos aparelhos de suspensão, os exercícios de equilíbrio, os acrobáticos, enfim. são universos muito próximos. Eles encontram similaridade com os equipamentos que remontam à história do circo.

Acho que essa entrada é muito boa, sobretudo porque o circo traz consigo uma atmosfera mágica, encantadora e que se aproxima muito da realidade do pensar simbólico da criança. Então, é uma fase da vida em que este casamento parece ser ideal.

Outra questão que envolve o circo é a possibilidade de se tratar do espetáculo artístico como uma alternativa ao esportivo. Há no espetáculo circense, particularidades relativas, por exemplo, à ideia de competição,

---

[1] Apenas como contrapartida válida para a fala de Luiz Rodrigues, quando este menciona a inegável necessidade de materiais adequados para as aulas de Educação Física a partir de certo momento, é interessante notar também os benefícios que essa possibilidade de adaptação pode gerar, quando adotada na medida e no momento corretos. Transposta para o universo do circo, esta ideia está bem amparada pelo texto de Luciana Coelho Bortoleto redigido em parceria com outros autores, e encontrado no livro *Introdução à pedagogia das atividades circenses*, organizado por Marco Antonio Coelho Bortoleto, p. 243: "A construção artesanal de objetos malabarísticos e outros artefatos utilizados nas práticas circenses possibilita-nos trabalhar diversos aspectos associados ao aprendizado das artes do circo, tais como: habilidades motoras, criatividade, socialização, interação, dentre outros. Além disso, a utilização de materiais alternativos proporciona conscientização, valorização do patrimônio, economia e empenho. O fato de construir o próprio material permite ainda descobrir diversas possibilidades de variações destes materiais (estéticas, como cores, e estruturais, como formas e tamanhos), ademais de constituir-se um momento importantíssimo para a pedagogia uma vez que possibilita conhecer em profundidade as características dos objetos, suas limitações e possibilidades de ação (manipulação, equilíbrio etc.) ademais de aumentar o respeito e o zelo pelo material, como já foi mencionado".

mais relacionada no circo aos desafios próprios, à tentativa de superação, à busca de uma excelência estética. Isso para não falarmos na forte presença das questões musicais, na produção do cenário que é uma outra interface interessante, sobretudo na escola com a educação artística, se pensarmos no benefício trazido pela interdisciplinaridade, de que tratam os PCN. São inúmeros os pontos de construção dessa conversa, relacionando aquilo o que é típico e histórico no circo, com a realidade das aulas de Educação Física. Mas, mais uma vez, acho que a gente esbarra nas limitações de espaço e tempo, com frequência.

4) *Nesse caso, quais as maneiras mais eficazes de adoção das práticas circenses em aulas de Educação Física?*

Quando a gente consegue um equipamento físico que favoreça, acho que não tem limitação nenhuma. É extremamente motivador, envolvente, acredito que o circo tenha uma contribuição histórica muito grande para dar, e aí é importante também ressaltar mais uma vez a questão da interdisciplinaridade. Em que medida, ao apresentar os conteúdos históricos do circo, não se está também estimulando a percepção de espaço e tempo, aquela noção que é essencial pra se entender a História de modo mais amplo? Outra frente bacana do circo são as questões da *performance*, os aspectos fisiológicos, a questão da força. Qual é o perfil do trapezista? Qual é o perfil do malabarista? Qual é o perfil estético das meninas que fazem o diabolô? Então tudo isso remete a questões que são típicas de qualquer outra modalidade de atividade corporal. Por isso, são tematizações que entram de uma forma muito harmônica. No fundo eu vejo, diante disso, que o circo é um conteúdo como qualquer outro, no universo da cultura corporal, com um diferencial que é essa questão do simbolismo, os aspectos motivacionais que ele traz na sua essência. Quem não fica louco ao ver uma cama elástica? Toda criança fica alucinada com isso.

5) *Qual tipo de conhecimento e consciência o aluno é capaz de alcançar ao estabelecer essa relação simbólica, poética, reflexiva e prazerosa com seu próprio corpo?*

É muito difícil de mapear. Parte de uma perspectiva que eu chamo de racionalidade divergente. Ela sai de um ponto específico, mas depois se amplia. Eu posso, a partir da vivência das atividades circenses, estimular um lado mais artístico, musical, lírico, ou eu posso desenvolver uma percepção mais corporal, estética. Há pessoas hoje que vão fazer aulas de circo como atividade física visando a estética corporal, ou a força, flexibilidade, capacidade aeróbica, enfim. Então, quando a gente imagina o que a atividade circense pode produzir em termos de perspectiva futura: pode tudo. Pode produzir inclusive o roteirista, o escritor, pensando na habilidade que de repente a pessoa precisa desenvolver para fazer a ligação de uma esquete circense para outra.

Tudo isso remete às bases essenciais do uso da língua. A questão corporal, cognitiva, afetiva... Quando você lida com os próprios desafios, e os próprios fracassos também, isso remete a uma dimensão psicológica, diante dos seus limites. É necessário também que seja estabelecida uma relação de confiança e respeito pelo outro, porque se você está apresentando um número de pirâmide humana, por exemplo, é necessário que você saiba bem onde se apoiar para não lesar seu colega.

Outra coisa: a diversidade de vivências na atividade circense dá conta de suprir sem dúvida alguma todas as demandas de movimento de uma criança, a qual posteriormente pode optar, por exemplo, pela natação ou outra atividade qualquer, mas ela já terá tido uma experiência diversificada que lhe deu essa possibilidade de escolha. Aí a gente volta à ideia de Piaget: o ser que se movimenta com qualidade tem sua cognição potencializada. É um requisito importante, é um conjunto de ações e de pensamentos que dá conta disso.[2]

Luiz Rodrigues.

[2] Luiz Rodrigues tem Licenciatura em Educação Física, é Técnico Desportivo pela Universidade Estadual Paulista Júlio de Mesquita Filho (1989) e possui Mestrado em Ciências da Motricidade, pela mesma instituição, no ano de 2002. Atualmente é professor assistente associado I da Universidade Presbiteriana Mackenzie, professor do curso de Educação Física, em que trabalha com as disciplinas pedagógicas, do Centro Universitário Padre Anchieta na área de Natação e Esportes Aquáticos, além de Coordenador e Professor de Educação Física da Escola Castanheiras. Participa como autor de capítulos do livro *Educação Física Escolar: implicações para a prática pedagógica*, coautor em *Educação Física e Temas Transversais: possibilidades de aplicação* e autor de *Ciclismo*, dirigido aos adolescentes na escola.

# A ATIVIDADE CIRCENSE
# E A ATIVIDADE FÍSICA

Consideradas as distinções históricas apresentadas anteriormente, é fácil notar que a finalidade militar predominou por muito tempo, determinando a ideia que se teve até quase os dias de hoje, sobre o sentido da atividade física, em termos gerais. Da mesma forma, não houve até então o culto ao corpo e à beleza física com o fim apenas estético como atualmente tão bem conhecemos. Esta é uma visão bastante recente, desenvolvida a partir de quando o livro *Aerobics*, do doutor Kenneth H. Cooper, lançado em 1968, despertou em todo o mundo um interesse especial pelos exercícios aeróbicos como forma de combater, entre outras coisas, o alto índice de doenças cardíacas e a obesidade do povo norte-americano.

A partir daí

> milhões de pessoas aceitaram o "desafio aeróbico" e começaram a praticar a corrida, o ciclismo, a caminhada e a natação de maneira a possuir uma melhor saúde. A seguir ocorreu uma explosão da prática de corrida, o movimento da dança aeróbica e o surgimento da indústria de clubes de saúde e aptidão física. (Nieman, 1999, p. 4)

assim como um aumento significativo das preocupações acerca de uma alimentação correta e mais balanceada.

Para entrar melhor nesse assunto, vamos primeiramente definir o que é saúde e depois relacioná-la ao exercício físico, às opções de lazer e, claro, às atividades circenses, naturalmente inseridas nesse contexto. Quem nos dá o conceito é o professor norte-americano, doutor em saúde pública, David C. Nieman. Em seu livro *Exercício e saúde: como se prevenir de doenças usando o exercício como seu medicamento* (1999), ele se baseia nos parâmetros da Organização Mundial de Saúde (OMS), para sentenciar que a "saúde é definida como um estado de completo bem-estar físico, mental, social e espiritual, e não somente a ausência de doenças ou enfermidades" (Nieman, 1999, p. 4), como muitos imaginam. Por isso, nessa sessão, falaremos primeiramente da saúde vinculada à prática de exercícios, para depois entrarmos nas opções de lazer, capazes de estimular, na maioria dos casos, grande parte dos itens mencionados.

Para que a prática de exercícios ou mesmo de atividades cotidianas possa ser efetivada sem fadiga atingindo seu principal objetivo, isto é, contribuindo para a saúde de cada indivíduo, há, segundo Nieman (1999), uma condição de energia e vitalidade denominada aptidão física. Esta não se relaciona apenas com a saúde e com um menor risco de doenças crônicas, mas também com o nível de habilidade de cada um para o desempenho de determinada atividade.

Enquanto a aptidão física ligada à habilidade inclui itens como agilidade, velocidade, potência, equilíbrio, coordenação e tempo de reação, a relacionada à saúde tem mais a ver com três outros grandes componentes, que veremos mais detalhadamente: a resistência cardiorrespiratória, a composição corpórea ideal, e a aptidão musculoesquelética que, por sua vez, faz-se presente nos subitens força muscular, resistência muscular e, claro, flexibilidade.

Vale citar que a aptidão física relacionada à habilidade "apresenta pouca relação com a saúde e com a prevenção de doenças" (Nieman, 1999, p. 6). Isso quer dizer, ainda segundo as palavras do autor de *Exercício e saúde: como se prevenir de doenças usando o exercício como seu medicamento*, que "apesar de alguns indivíduos poderem ter má coordenação e não gostarem de praticar esportes, eles ainda podem ser fisicamente treinados e saudáveis se praticarem exercícios aeróbicos e musculoesqueléticos regularmente" (p. 7-8), o que, inclui, por exemplo, alguns tipos de ginástica e (por que não?) as atividades circenses.

Vamos entender melhor a aptidão física relacionada à saúde, sempre lembrando de transpor para as práticas e técnicas do picadeiro, a aplicação do conhecimento proposto por Nieman (1999) para as atividades físicas de modo geral. O primeiro componente capaz de ser mensurado nesse contexto é a resistência cardiorrespiratória, também conhecida como aptidão aeróbica. Como o próprio nome indica, ela se refere à capacidade de ajustar-se e recuperar-se, que os sistemas circulatório e respiratório possuem mediante as reações físicas do organismo humano após atividades aeróbicas, sejam estas de intensidade moderada ou vigorosa.

Segundo pesquisas, quanto mais baixo o nível de resistência cardiorrespiratória, maior se torna o risco de morte prematura de uma pessoa. Daí a estreita ligação que este item possui com as questões de saúde, e a atenção especial que médicos e especialistas dão cada vez mais à prática de exercícios físicos. Segundo Nieman (1999, p. 10),

> quando grandes massas musculares do corpo são envolvidas numa atividade contínua e rítmica, os sistemas circulatório e respiratório aumentam suas atividades para fornecer suficiente oxigênio para queimar combustível e fornecer energia para os músculos que estão trabalhando.

Com este aumento de resistência cardiorrespiratória, aumenta-se também a possibilidade de uma vida mais saudável, afastando o "risco de doença coronariana, derrame, vários tipos de câncer, diabetes, pressão alta, obesidade, osteoporose, depressão e ansiedade" (p. 10).

Foi pensando nisso, por exemplo, que o Centro de Estudos do Laboratório de Aptidão Física de São Caetano do Sul (CELAFISCS), responsável por inúmeras pesquisas sobre atividade física e saúde desde

1965, desenvolveu em parceria com a Secretaria de Estado da Saúde do Governo de São Paulo, o programa *Agita São Paulo*, em 1996. Concebida com o objetivo de incentivar as práticas físicas capazes de tornar mais saudáveis os hábitos de vida do cidadão paulista, a ideia do programa era distanciar a população dos altos níveis de sedentarismo, tão prejudiciais à saúde, por meio de parcerias que envolvem atualmente mais de 250 instituições, segundo consta no *website* do CELAFISCS.

O segundo componente da aptidão física de que trataremos, quando esta se encontra relacionada à saúde, é o da composição corpórea. Ele relaciona a proporção de gordura de um indivíduo ao seu peso corporal magro, isto é, àquele constituído de músculos, ossos e água.

Nos últimos tempos,

> o interesse sobre a mensuração da composição corporal teve um crescimento enorme, em grande parte devido à relação da mesma com a saúde e com o desempenho esportivo. [...]. Muitos especialistas da saúde creem que junto ao não consumo de cigarros, a manutenção do peso corporal em níveis ideais é um dos principais objetivos para a manutenção da saúde e a prevenção de doenças. (Nieman, 1999, p. 13)

Por fim, as aptidões musculoesqueléticas, subdivias em força e resistência muscular, e flexibilidade corporal, completam o quadro de aptidões físicas relacionadas à saúde. São inúmeros os benefícios obtidos, nesse sentido, com exercícios de musculação, capazes não apenas de aumentar a força, a resistência e o volume dos músculos, mas também a densidade óssea, visando à diminuição do risco de doenças como a osteoporose, e a força do tecido conjuntivo, para não falar, é claro, de questões como a autoestima.

Do mesmo modo, os exercícios estáticos de alongamento que visam maior amplitude de movimentação articular, isto é, melhor flexibilidade, embora muito recomendados por médicos, possuem pouca comprovação especializada de que proporcionam, efetivamente, benefícios à saúde humana. No entanto, a experiência clínica de inúmeros profissionais da área sugere que três sessões semanais de posições mantidas por 10 a 30 segundos em cada articulação principal do corpo, e repetidas de três a cinco vezes, seriam capazes de prevenir lesões, aumentar a resistência a dores, melhorar a postura, diminuir o estresse, ou ainda trazer alguma melhora no tratamento de problemas como a lombalgia.

Em resumo, uma "aptidão total" assegura que o coração e os pulmões e todos os principais grupos musculares se desenvolvam enquanto as articulações são mantidas flexíveis e a gordura corporal é mantida num nível saudável. (Nieman, 1999, p. 18)

Mas voltando ao início da sessão, veremos que não só de exercícios físicos se faz um corpo saudável. Para a saúde ser contemplada de modo total, o bem-estar mental, social e espiritual têm também de estar em dia. E nada melhor que práticas de lazer capazes de dar conta das três esferas para obtermos um resultado mais abrangente na busca de uma qualidade de vida melhor.

Sobre isso, e destacando a academia de ginástica como um dos espaços ideais para atividades de lazer, Raphaella Boselli de Oliveira explica, na introdução do seu trabalho de bacharelado em Educação Física, *Atividades circenses em academias: uma nova opção no âmbito do lazer*, produzido em 2008 para a Unesp de Rio Claro:

O lazer, por suas características como elemento cultural, tende a favorecer espaços privilegiados para inúmeras manifestações, onde novos estilos podem ser consolidados, tendo em vista que a autoidentidade, a noção de subjetividade e a identidade grupal são bastante exploradas e claramente definidas. [...] Sob esta perspectiva, as academias de ginástica têm representado um espaço importante de vivências no lazer, favorecendo opções de atividade física de diversas naturezas, as quais podem promover experiências afetivas e significativas, implementando novos hábitos e promovendo estilos mais saudáveis e atitudes proativas. Mas apenas há pouco tempo, as academias têm centrado atenção na inclusão de atividades lúdicas em seus contextos, fugindo dos padrões dos exercícios físicos, comuns a este espaço, o que motivou este estudo no sentido de perscrutar o significado das vivências lúdicas voltadas à arte circense, no contexto das academias, identificando seu papel no processo de mudanças atitudinais, visando ao lazer proativo.

As práticas circenses têm o mérito de promover o relaxamento mental ao mesmo tempo em que tonificam o corpo, promovendo os mesmos benefícios físicos que qualquer outra atividade física, mas proporcionando um prazer, em geral, maior que o que a grande parte delas pode oferecer. Evidentemente, as academias de ginástica são apenas um exemplo, entre todas as opções de espaços destinados ao lazer, quando este é associado a exercícios físicos, ou, em nosso caso específico, às atividades circenses.

Tal prática vem atraindo a atenção de profissionais que se dedicam às atividades, cujas temáticas coincidem com o circo em alguns dos seus aspectos. A partir da expansão dessa prática na modernidade, observa-se sua utilização no âmbito social, educacional, recreativo, além do lazer e da saúde.

Para a saúde ser contemplada de modo total, o bem-estar mental, social e espiritual deve ser considerado, segundo a OMS. Dessa perspectiva, as atividades circenses podem representar um papel importante de vivências de bem-estar, favorecendo uma opção de exercício físico diversificado em razão da variedade de modalidades, que podem promover experiências afetivas e significativas, uma vez que tal proposta procura democratizar, humanizar e diversificar a prática de exercícios físicos, buscando ampliar de uma visão apenas biológica, para um trabalho que incorpore a dimensão cultural, além de destacar que o exercício físico deve permitir e estimular a vivência de diferentes práticas corporais advindas das mais diversas manifestações culturais, e que os conhecimentos construídos devem possibilitar a análise crítica dos valores sociais, contribuindo para a formação de um cidadão crítico, conhecedor da sua realidade e contexto, que seja capaz de transformá-lo quando necessário.

Pois as práticas esportivas não devem possibilitar exclusivamente o desenvolvimento motor. Devem oportunizar aos alunos conhecerem e assimilarem tudo aquilo que foi e é produzido pelo homem em seu desenvolvimento cultural e social. A atividade circense como atividade de base formativa e educativa, pode proporcionar a obtenção de uma cultura corporal a partir de uma aprendizagem motivante.

O circo, como a maioria das atividades artísticas, estimula o processo criativo e proporciona uma liberdade de expressão. Além disso, a atividade circense pode despertar a postura crítica dos alunos resultando em questionamentos do próprio sistema. Isso ocorre porque as manifestações da cultura corporal circense propiciam ao corpo experimentar uma rede de signos (liberdade, desafio, aventura) a partir da vivência das diversas sensações (medo, suspense e alegria). Essas manifestações invertem a ordem andando com as mãos, lançando-se ao espaço, contorcendo-se e encaixando-se em cestos, cospem fogo, vertem líquidos inesperados, gargalham. Contradizem, dessa forma, os conceitos de corpo acabado, perfeito, fechado, limpo e isolado.

A essência das modalidades circenses é ousar, encantar e trabalhar para trazer novas possibilidades de gestos, ações e práticas humanas. Há nelas algo de convulsivo que se expressa em outra lógica, estimulando um olhar, uma postura, um comportamento crítico.

Ao conhecer as diferentes modalidades, observa a contribuição das atividades circenses para os domínios: cognitivo (concentração, raciocínio, imaginação, percepção e memorização), motor (tônus muscular, postura e flexibilidade) e afetivo (coragem, autodomínio e autoconfiança).

A atividade circense, como parte da preparação física para as diversas modalidades esportivas, pode proporcionar o domínio do corpo e o autocontrole, pelo aperfeiçoamento do esquema e da consciência corporal a partir das variadas possibilidades de movimentos e posicionamentos.

A atividade circense é ministrada contemplando várias modalidades classificadas em aéreas, acrobáticas, manipulação e equilíbrio (Figura 4.1).

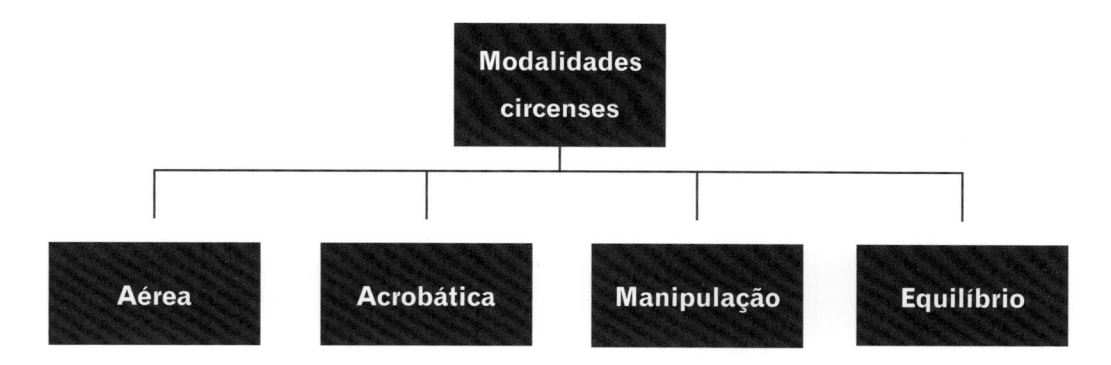

Figura 4.1 – Tipos de modalidades circenses.

É valido esclarecer ainda que diversas são as formas de classificação dessas modalidades e que, por sua vez, elas têm de ser frequentemente discutidas e revistas.

- Modalidade aérea: caracteriza-se pelos movimentos que proporcionam pouco ou nenhum contato do praticante com o solo. A prática dessa modalidade pode ser extremamente eficiente no estímulo da consciência corporal, explorando novas percepções de tempo e espaço. Os aparelhos mais conhecidos e utilizados nesta modalidade são bem representados pelo tecido, trapézio, lira, elástico e cordas.

- Modalidade acrobática: caracteriza-se pela execução isolada, ou pela combinação de alguns movimentos como saltos, rotações (giros) ou então exercícios de equilíbrio, tanto estático quanto dinâmico. Os movimentos e aparelhos mais conhecidos nessa modalidade são as acrobacias de solo, *acrobalance*, pirâmides, báscula, mesa de dandes e trampolim acrobático.

- Modalidades de equilíbrio e manipulação: as destrezas, tanto de equilíbrio quanto de manipulação, são modalidades que trabalham, sobretudo, itens como tempo de reação, coordenação, agilidade, ritmo e equilíbrio, estático e dinâmico. Alguns aparelhos bastante conhecidos nesta modalidade são o monociclo, a perna de pau, o arame, a bola de equilíbrio e todos os malabares (bolas, aros, pratos, claves, laços, diabolô e *swings*).

Uma aula de atividade circense é dividida em três partes: inicial, principal e final. O momento inicial dura aproximadamente dez minutos e apresenta atividades de efeito local, visando a um aquecimento específico a partir de exercícios de alongamento, objetivando o desenvolvimento da flexibilidade. Os exercícios de efeito local são caracterizados pela solicitação isolada de determinado segmento corporal. As capacidades físicas desenvolvidas, a partir da realização desses exercícios, são força, resistência muscular localizada e flexibilidade.

A parte principal dura aproximadamente 30 minutos, e nela observamos atividades de efeito geral que se caracterizam pela mobilização de uma massa muscular maior que 1/6 da musculatura esquelética total por longo período de tempo, com intensidade moderada. As atividades de efeito geral promovem adaptações no sistema cardiorrespiratório e nos processos celulares oxidativos.

Outra característica da parte principal de uma aula de atividade circense são os exercícios acíclicos, assim classificados pela grande variedade de movimentos. Nesse momento da sessão é comum a utilização do método circuitado que tem a finalidade de desenvolver a resistência cardiorrespiratória, assim como a resistência muscular localizada.

A última parte de uma aula de atividade circense dura aproximadamente 20 minutos e nela encontramos atividades de efeito geral, com exercícios acíclicos, entretanto, nesse momento, da sessão o método mais utilizado é o intervalado variativo, com o predomínio do metabolismo anaeróbio, por alterar o volume ou a intensidade durante a realização dos exercícios, como no trampolim acrobático, nos aparelhos aéreos (trapézio, tecido, corda e lira) e nos aparelhos de destrezas de manipulação e equilíbrio (perna de pau, bola de equilíbrio e diferentes malabares), desenvolvendo tanto os componentes de aptidão física relacionados à saúde como os relacionados às habilidades esportivas: agilidade, velocidade, potência, equilíbrio, coordenação e tempo de reação.

Em suma, uma aula de atividade circense assume uma diversidade e variedade de movimentos e situações que podem levar à orientação espaçotemporal e à educação do movimento em busca da harmonia no equilíbrio para a superação de limites. Pode permitir a aquisição de um bom potencial acerca das habilidades e capacidades físicas ampliando o repertório motor, possibilitando uma melhoria no condicionamento físico para a prática de diferentes modalidades esportivas.

Na seção a seguir, há uma conversa entre o professor mestre em Biotecnologia, Mario Charro, autor de vários livros com experiência na área de Educação Física, mais especificamente em Musculação, Biomecânica, Condicionamento Físico e Treinamento e Força, e o professor doutor em Ciência do Desporto, Alexandre Moreira, que no início da década de 1990 foi um dos inauguradores do treinamento personalizado, tendência que se consolidaria anos depois. Trabalhando inicialmente com atletas de ciclismo e ginástica aeróbica, este começou, a partir de um convite, a expandir sua atuação para o universo circense.

# $\star$ 5 $\star$
# BATE-PAPO COM OS ESPECIALISTAS

## 1 Cristiane Cassoni e Mario Charro entrevistam Alexandre Moreira

Cristiane – *Você chegou a dar aulas como* personal trainer *para alguns integrantes de companhias circenses. Qual era linha seguida?*

Alexandre – Minha conversa com eles era sempre essa: "vocês vivem dessa atividade, e independente do que venham a fazer futuramente; podem dar aula etc., mas o corpo faz parte, tem que preservar. Como qualquer atleta, tem de estar bem para se apresentar e minimizar a chance de uma lesão. Então, todo o programa tem de ser dirigido para isso. Como vocês não se preparam, de forma racional e sistematizada, vocês tendem a se machucar regularmente – isto é evidente no relato que fazem da prática, que aponta para uma atividade de treinos aleatória (que eu também tentei organizar)". Eu conversava muito no sentido de a gente criar algum modelo que pudesse atender a esse tipo de demanda, sabendo que naquela época isso poderia parecer um pouco distante da realidade e do cenário predominante. A discussão caminhava no sentido de uma organização, de onde decorriam algumas questões: como é que nós vamos ser tratados, como atletas, como vamos organizar treinos, fazer um planejamento? Por muito tempo a gente chegou a preparar algumas cartilhas, com exercícios relacionados ao conteúdo de tudo o que eles faziam, a fim de começar a buscar uma espécie de classificação para os exercícios e métodos de treinamento. Assim passaríamos a ter uma organização lógica, porque até então era tudo muito caótico, aleatório, não fazia sentido. A ideia era que o raciocínio deles teria de ser o mesmo de um atleta, com a única diferença no fato de eles não competirem. Você está falando de corpo, de organismo. E nesse caso existe uma demanda igual ou muitas vezes até maior do que a do atleta. E a organização do treino continuava sendo a mais irracional possível. Não se sabia o ponto de partida e o de chegada.

Mario – *Na sua experiência com o basquete, isso era organizado ou também não?*

Alexandre – Na época, não também.

Mario – *Estou perguntando porque na minha experiência com o handebol, por exemplo, o treinamento não era nada organizado. Tinha a proposta do técnico, a gente fazia toda uma programação, e aí ele falava: "olha, o pessoal tá mal na defesa", mudava a estrutura do treino e quebrava toda a nossa proposta. E aí caía mais ou menos nisso o que você está falando do circo. Não tinha essa organização. Mas no esporte isso me parece que só acontece quando o técnico quebra a proposta inicial, e no circo soa como algo mais sistemático.*

Alexandre – No esporte, embora a gente esteja longe do ideal – porque isso que você está descrevendo não é só da sua época, mas continua acontecendo, e com frequência –, existem pessoas no segmento que entendem isso e discutem, e tentam mudar, então há uma lógica. No circo não havia nem isso. Quando se pensava em algo que se pudesse fazer de diferente, o pensamento era "não, não precisa fazer nada". Precisa aprender a fazer os truques e é isso. Ensaiar, e só. É pura repetição. Acontece que é exatamente aí que você tem a lesão. Aí que você minimiza a chance de crescer. Há que se criar base em termos de qualidade do que é feito, para que se possa dar um salto profissional. Tudo isso deveria ser uma coisa de longo prazo, é uma formação continuada em termos de adaptação do organismo. Vou me reconstruir, vou criando base... a partir desses padrões eu crio um novo elemento, com uma complexidade diferente, e ele só vai ser alcançado se eu estiver bem para fazê-lo. Caso contrário eu começo a fazer só aquilo que eu domino. Então a minha abordagem era usar essa mesma visão que se tem para o treinamento esportivo, só que no circo. Inclusive teve uma época que eu até levei para o Marco um livro de um autor russo, mostrando como eles abordam a questão do treinamento para o circo; lá existe uma divisão do que é chamado de competições de atividade esportiva e paradesportiva. Nesse sentido, eles incluem também o circo, ou seja, há a exibição e não há competição. No entanto, o eixo central e comum é o desempenho de alto nível. O que muda é a finalidade, pois é uma atividade do tipo exibição, e não competitiva. De resto, é tudo igual. A preparação física tem um raciocínio único, não tem mudança. E como eu trabalhava com a ginástica, isso para mim era mais claro.

Mario – *A musculação acaba tendo uma característica muito mais estética do que qualquer outra coisa, e o circo é* performance. *Você conseguiria fazer uma relação nesse sentido, da aula de musculação com a aula de circo?*

Alexandre – Eu pensaria mais no treinamento de força e menos na musculação. A musculação é um meio.

Cristiane – *Sabe por que essa pergunta? Hoje em dia muitas academias têm aulas de circo, e é muito comum as pessoas não quererem muito fazer a musculação e virem com a curiosidade "ah, mas se eu fizer a aula de circo, vai surtir efeito? Dá no mesmo?".*

Alexandre – Pensando em estética, eu não sei se dá pra falar numa coisa mais efetiva do que a outra, até porque existem milhares de variáveis, então seria difícil de dizer. Mas eu acho que hoje existe um maior entendimento de que não necessariamente para treinar força eu tenho que isolar um grupo muscular, que eu posso treinar força de um modo global, e não necessariamente de maneira isolada como é tradicionalmente o trabalho clássico de musculação em academias. Então acho que dá sim, se bem organizado (e aí que vem a racionalidade do treino), tanto faz se na musculação ou no circo. Até porque se a musculação não for bem organizada também, não surte o efeito esperado. O que dá certo não é "levantar peso", mas levantar peso racionalmente, com planejamento etc., sem ser aleatoriamente. É possível se pensar em sessões de diferentes finalidades com uma organização lógica e racional – e isso é algo que eu já discutia com os circenses na época – feitas de um modo que eu chamo justamente de interação positiva de diferentes finalidades. E isso cabe na academia também. Então, se pensarmos na aula de circo não só com o objetivo de aprender a fazer as acrobacias e técnicas próprias do circo, mas também como uma aula de condicionamento, isso deveria ser abordado. Dentro de uma sessão, por exemplo, se poderia partir de objetivos mais associados à técnica num primeiro momento para depois visar os que exigem mais força e resistência num segundo. Aí você tem uma sessão mais racionalmente organizada e eficaz, afinal, você chega da técnica descansado, passa para um trabalho de força, mais fragmentado, trabalhando com uma relação trabalho-pausa apropriada, e aí você entra com algo mais global que demanda mais resistência por exemplo. É uma sessão complexa, com várias tarefas, mas racionalmente organizada. Você não tem uma interação negativa de uma atividade sobre a outra.

Mario – *No circo não teria como priorizar uma hora resistência, outra hora força, porque os aparelhos são mais complexos, então não daria para fazer separadamente.*

Alexandre – *Mas você consegue estipular uma organização oara a semana, para o mês, que dê ênfases diferentes, de modo a otimizar o trabalho, em vez de querer fazer tudo ao mesmo tempo.*

Mario – *Então, a musculação, como um complemento para o circo, você acha que seria uma opção, no sentido de aumentar a estabilidade articular, melhorar o desempenho específico no exercício?*

Alexandre – Sim. No sentido de fortalecer o sistema musculoesquelético, preparando para a carga mais específica que eles terão nos treinamentos do circo. A musculação dá isso de uma maneira mais objetiva. Eu pensaria na musculação, tradicionalmente falando, como uma forma de você minimizar a chance de uma lesão futura.

Mario – *Então, o circo, nesse caso, não seria capaz de fazer o papel da musculação?*

Alexandre – Não, eu acho que cada um tem o seu papel. Eles podem se complementar. Até porque se eu não tiver um preparo mais específico para aumentar minha força e, talvez, se necessário, até minha massa, é possível que eu limite as condições de continuar evoluindo dentro das tarefas propostas no circo. Tanto no rendimento quanto na questão da prevenção da lesão. A musculação dá suporte para isso e minimiza as chances de lesão.

Cristiane – *Mas e uma pessoa que não visa à* performance?

Alexandre – A abordagem é semelhante. O que muda é o conteúdo do treino, a magnitude, a complexidade da tarefa etc. Mas a linha de raciocínio é a mesma.

Cristiane – Mas digamos assim: uma pessoa de 45 anos, que não teve uma vida ativa, nunca foi atleta ou frequentou academia. A prática de atividade física em aulas de circo seria benéfica?

Alexandre – A questão é como ela é feita, e não necessariamente o que é feito. É difícil responder categoricamente a qualquer coisa, mesmo que com isso o nível de estímulo entre os alunos possa se ver de alguma maneira ameaçado. O problema é que muitas vezes o que as pessoas querem é que você confirme uma resposta que ela acha que já tem. E se você diz algo diferente disso, já ficam desestimuladas... Mas uma boa resposta é dizer que é tão bom quanto, porque é uma alternativa. É uma possibilidade. Não é melhor nem pior. Nesse caso que você deu no exemplo, uma pessoa sedentária, se a atividade for feita de uma maneira regular, já é alguma coisa, gera adaptação. Até porque não adianta também você fazer musculação, levantar um pesinho, depois ficar batendo papo. Muita gente faz isso.

Mario – *Vamos sistematizar então quais benefícios diretos e indiretos a prática circense pode trazer para a saúde e para o bem-estar das pessoas. Eu arriscaria pensar em morfológicos e fisiológicos. Morfológicos: aumento na densidade mineral óssea, aumento no volume muscular e espessamento dos tendões. Fisiológicos: aumento de força, de flexibilidade, de estabilidade articular e da condição cardiorrespiratória (VO$_2$máx).*

Alexandre – Além desses tópicos, podemos pensar também em benefícios no que diz respeito ao equilíbrio, capacidades coordenativas, incluindo ritmo, que é algo que pouco se pensa e que tem uma gama maior. Talvez esse seja um dos diferenciais do circo em relação às outras atividades. O que ele consegue dar que as outras não dão conta tão bem. Porque existem atividades específicas para cada um dos outros tópicos. Então por que fazer circo? No circo as pessoas são submetidas a estímulos muito diferentes daqueles encontrados normalmente no dia a dia. Principalmente nas gerações mais novas. Meu filho, por exemplo, não sobe em árvore todo dia, que é algo que até a minha geração se fazia. Essa é uma visão interessante porque quando se fala de saúde a gente tem que ir além do indicador clássico de aptidão cardiorrespiratória, por exemplo. Saúde é emocional, é social e isso tudo vale a pena enfatizar. Pensando nos aspectos psíquicos, a gente se pergunta: quando que uma pessoa lida com os seus medos numa academia? Acho que esse é o caminho mais interessante para se pensar o circo na Educação Física atualmente. Isso é um ponto de vista que tanto no sentido científico metodológico quanto no comercial.

Cristiane – *Circo e atividade física. Essa relação pode ser vista como uma descoberta, um recurso novo, ou é mais um reencontro?*

Alexandre – Na verdade é um reencontro. É muito mais falta de conhecimento da sociedade do que qualquer outra coisa. Está longe de ser propriamente uma descoberta.

Alexandre Moreira.[1]

Mario Augusto Charro.[2]

[1] Alexandre Moreira: professor doutor do Departamento de Esporte, da Escola de Educação Física e Esporte da Universidade de São Paulo (USP). Orientador do programa de mestrado da EEFE/USP, desde maio de 2008. Doutor em Educação Física, na área de Ciência do Desporto pela Universidade Estadual de Campinas (2006), mestre em Educação Física na área de Ciência do Desporto pela Universidade Estadual de Campinas (2002), graduado em Educação Física pela Unisa (1989). Tem experiência na área de Educação Física e Esporte, atuando principalmente nos seguintes temas: treinamento esportivo, periodização do treinamento, treinamento de força, controle do treinamento, respostas da imunoglobulina A em atletas de diferentes modalidades esportivas, basquetebol.
[2] Mario Augusto Charro: possui graduação em Educação Física pela Universidade de Santo Amaro (1988), pós-graduação em Musculação e Condicionamento Físico pelas Faculdades Metropolitanas Unidas (1999) e mestrado em Biotecnologia pela Universidade de Mogi das Cruzes (2007). Atualmente é professor titular da Universidade Municipal de São Caetano do Sul e professor das Faculdades Metropolitanas Unidas. É autor dos livros Manual de Musculação (2003) e Biomecânica Aplicada: uma abordagem ao treinamento de força (2007). Tem experiência na área de Educação Física, com ênfase em Musculação e Condicionamento Físico e Medidas e Avaliação, atuando principalmente nos seguintes temas: exercício físico, treinamento físico, treinamento de força (musculação) e avaliação física.

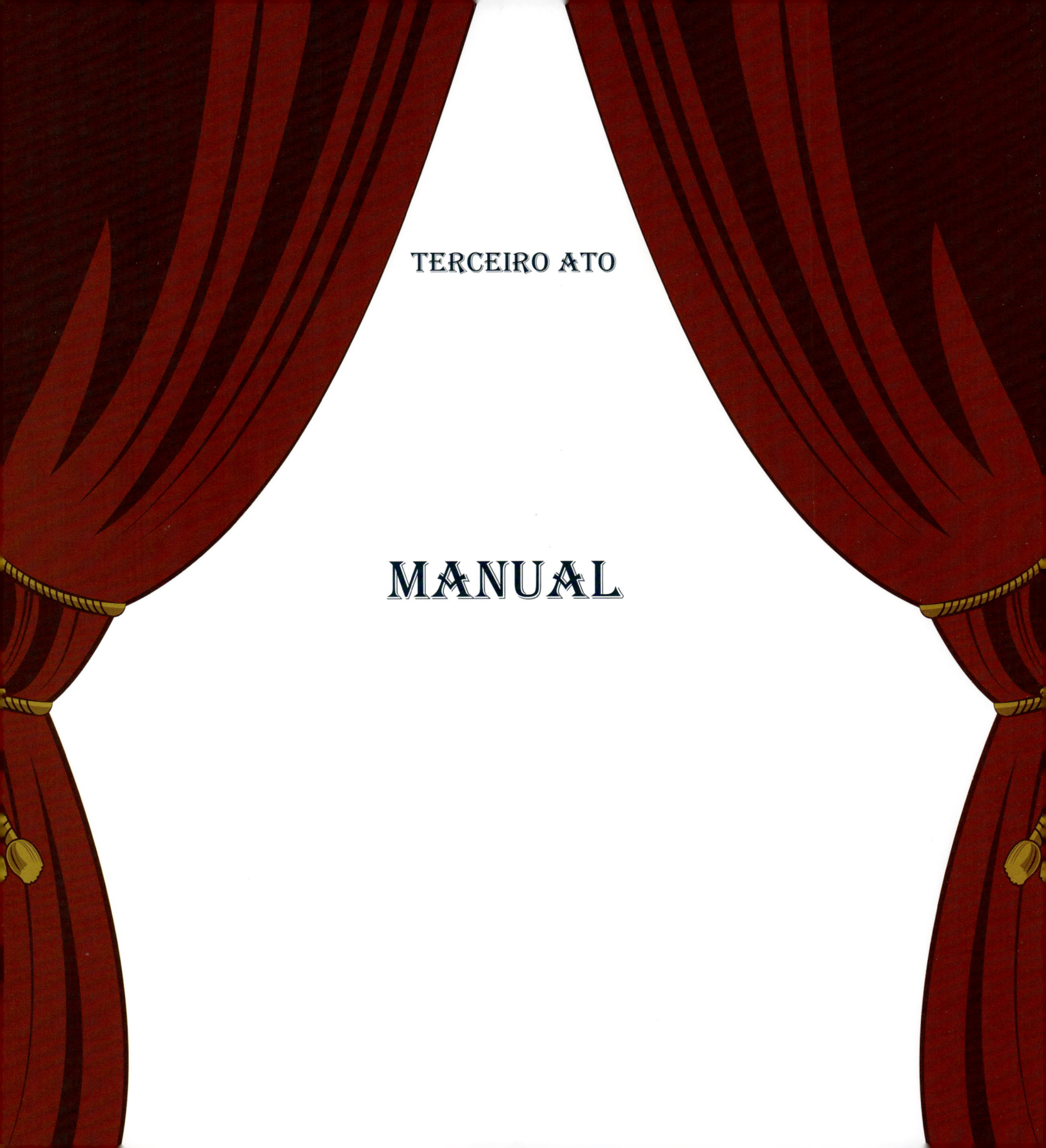

TERCEIRO ATO

MANUAL

# * 1 * INTRODUÇÃO

Acontece que apenas de teoria, circo nenhum se faz. Para que subam as lonas de um espetáculo ou para que as técnicas que elas abrigam sejam verdadeiramente úteis à Educação Física de modo geral, vamos conhecer melhor sua aplicabilidade prática, e um pouco do histórico de cada modalidade, nesta terceira e última etapa da nossa jornada a qual apelidamos de manual. Claro: sem a pretensão de encerrar nestas linhas, as possibilidades de discussão e apresentação das principais técnicas e ideias necessárias para a compreensão dos exercícios, mas sim de fornecer um panorama desse vasto e complexo arsenal de conhecimentos.[1]

É válido esclarecer ainda que diversas são as formas de classificação dessas modalidades e que, por sua vez, elas têm de ser frequentemente discutidas e revistas. Um exemplo pode ser a que se baseia nos diferentes tipos de ação motora que envolvem cada modalidade. Outra possibilidade tem por referência o tamanho dos materiais utilizados, e assim por diante. O preferível, nesse último caso, é que se usem os materiais de pequeno porte como malabares, ou mesmo as modalidades que dispensam a utilização de qualquer tipo de apetrecho, democratizando o acesso a esse conhecimento e valorizando seu potencial didático.

Com isso, conseguiremos dar um passo a mais nessa busca de ressignificar os conteúdos da nossa cultura corporal, uma postura lúdica e motivadora, e desenvolvendo itens como autonomia, confiança, prazer e, claro, socialização, por meio de valores como respeito, iniciativa, responsabilidade e disciplina. Isso estimula a liberação da imaginação, abre o olhar para conteúdos artísticos e de contexto histórico-cultural e valoriza um tipo de comunicação não verbal, isto é, os chamados diálogos corporais. Daí a imensa contribuição do circo para os domínios cognitivo (concentração, raciocínio, imaginação, percepção, memorização), motor (tônus muscular, postura, flexibilidade), e afetivo (coragem, autodomínio, autoconfiança).

Se considerarmos, ainda, que as evidências das pesquisas científicas apontam para o fato de a atividade física regular diminuir o risco de muitas doenças, fortalecendo a maioria dos sistemas e melhorando a saúde psíquica, não há como não reconhecer o circo como uma grande opção de atividade física, capaz de proporcionar todos esses benefícios.

---

[1] É, inclusive, com base nesse conhecimento adquirido tecnicamente no picadeiro, que os cômicos esquematizam a apresentação de seus esquetes, mesclando às atividades circenses, elementos do teatro e do folclore, resgatando assim um universo lírico, misterioso, encantado, poético e profundamente versátil. Para isso, é de extrema necessidade que fisicamente o artista disponha das mesmas capacidades para sua *performance*, que um acrobata ou um equilibrista.

# ★ 2 ★

# MODALIDADES

# AÉREAS

Todas as práticas que proporcionam pouco ou nenhum contato do artista com o solo são extremamente eficientes no estímulo da consciência corporal, explorando novas percepções de tempo e espaço, por exemplo. São as chamadas modalidades aéreas.

Os aparelhos mais conhecidos e utilizados neste primeiro grupo são bem representados pelos tecidos e pelo trapézio, além da lira, do elástico e das cordas. Vamos conhecer a história de alguns deles e entender como devem ser aplicados de modo a terem seus efeitos benéficos potencializados e, claro, buscando minimizar os prejuízos acarretados por eventuais acidentes.

# 1 Tecido

Modalidade relativamente recente no universo circense, se comparada a outras como o malabares e o trapézio, o *tecido* parece ter se desenvolvido no ocidente a partir de 1920 nos típicos cabarés alemães que surgiam na época, quando alguns artistas se dependuravam nas cortinas desses lugares, executando suas manobras. No oriente, no entanto, a prática de acrobacias aéreas com tecidos datam de bem mais tempo. Futuramente, já nos anos 1980, o tecido teria se aprimorado na França, com a pesquisa de materiais adequados, chegando ao Brasil há aproximadamente – e não muito mais que isso – quinze anos.

No início da aprendizagem de sua técnica recomenda-se que o tecido seja fixado a poucos metros do chão, ainda que posteriormente a altura ideal deva variar entre 4 e 12 metros. Essa modalidade de grande efeito plástico, visual e estético, em que o praticante desenvolve sua expressão corporal por meio de técnicas como as chamadas chaves de sustentação, pode ser desempenhada com objetivos diversos (recreativo, educacional e profissional) e em lugares como academias, teatros, escolas, boates, clubes etc., propiciando contribuições às atividades motoras por meio de um tipo de ginástica lúdica e relaxante, e sendo de aprendizagem mais fácil que outros aparelhos aéreos, por moldar-se melhor ao corpo e às necessidades do praticante.

Segundo especialistas, a prática dessa modalidade traria benefícios ainda para a circulação e para a respiração, isso sem citar as questões afetivas de autoestima e confiança também contempladas de maneira particular. Alguns tipos de tecido: tecido liso, tecido marinho, doble tecido, tecido ao voo e variações.

A.   Subida: para subir no tecido acrobático, deve-se enrolar a perna dominante, deixando o tecido por cima do pé. O pé não dominante servirá de "trava", pisando sobre o tecido. A subida é feita com a força dos braços, combinada com o movimento grupado, que consiste em trazer ambos os joelhos em direção ao peito. Outras subidas: russa, esquadro, macaquinho.

B.  Esquadro: pernas afastadas, flexão do quadril, a ponto de as pernas ficarem elevadas, uma de cada lado do corpo.

C.  Curva: chamamos de curva toda vez que se coloca a parte posterior do joelho (flexionado) em qualquer aparelho aéreo.

## 1.1 Chave de pé

1.1.1 Estender o corpo para trás, afastando-o do tecido.

1.1.2 Empurrar o tecido (com o pé não dominante na altura do abdômen).

1.1.3 a O pé de base dará um meio giro no sentido horário.

1.1.3 b Apoiando no tecido, formando uma "trava".

1.1.4 Chave de pé.

**Desmontagem:** empurrar o tecido para frente, da mesma forma que foi empurrado para formar a chave de pé.

## 1.2 Morceguinho

1.2.1 Chave de Pé.

1.2.2 Pé que está solto deve passar para trás, entre o tecido e o pé que está preso.

1.2.3 Manter o tecido atrás do joelho da perna não dominante.

1.2.4 Agachar a ponto de ficar de ponta cabeça, sem as mãos.

**Desmontagem:** ficar em pé, usando a força do abdômen, trazer o pé novamente para frente e desfazer a chave de pé.

## 1.3 *Bunjee Jumping*

1.3.1 Posição inicial do morceguinho.

1.3.2 Manter os joelhos estendidos e os pés fletidos.

1.3.3 Afastar os braços.

**Desmontagem:** a mesma do morceguinho, porém requer um pouco mais de força.

## 1.4 Portô

1.4.1 Separar o tecido ao meio.

1.4.2 Enrolar as pernas três vezes de fora para dentro.

1.4.3 Segurar com uma mão em cada metade do tecido; e passar o corpo para frente por entre as duas metades do tecido.

1.4.4 Fazer um "xis" nas costas (ou seja, com a mão direita segurar o tecido esquerdo e vice-versa) e passar a cabeça para trás.

1.4.5 Passar os braços para trás; com as pernas estendidas, subir no esquadro.

1.4.6 Esquadro: primeiro momento.

1.4.7 Esquadro: segundo momento.

1.4.8 Portô, movimento final.

**Desmontagem:** fazer o caminho oposto – voltar do esquadro, desfazer o "xis" das costas e desenrolar as pernas.

## 1.5 Chave de cintura

1.5.1 Segurar no tecido apenas com as mãos.

1.5.2 Posicionar o corpo a ponto de o tecido ficar do lado dominante.

1.5.3 Perna dominante para frente e perna não dominante para trás.

1.5.4 Tecido deve passar no meio das duas pernas.

1.5.5 Inclinar o corpo para trás e girar de barriga para baixo.

1.5.6 Tecido deve terminar na cintura.

**Desmontagem:** Segurar o tecido com as duas mãos e voltar para a posição "em pé".

## 1.6 Bala

1.6.1 Chave de cintura.

1.6.2 Esquadro.

1.6.3 Curva na perna dominante.

1.6.4 Passar o tecido pelas costas e segurá-lo com a mão dominante.

1.6.5 Passar o tecido pela perna não dominante (de frente para trás).

1.6.6 Segurar com as duas mãos acima da cabeça.

1.6.7 Estender as duas pernas, direcionando-as para cima.

1.6.8 Queda.

1.6.9 Finalizar a queda com curva na perna dominante.

## Variação: Bala dupla/tripla/quádrupla (passos 1.6.1 até 1.6.5 são os mesmos)

1.6.10 Segurar no tecido acima da perna dominante.

1.6.11 Subir.

1.6.12 Novamente fazer o esquadro.

1.6.13 Curva na mesma perna.

1.6.14 Fazer itens 1.5.10. e 1.5.11. na quantidade desejada.

1.6.15 Segurar o tecido com ambas as mãos acima da cabeça e realizar a queda.

**Desmontagem:** subir, com as duas pernas direcionadas para o mesmo lado, passar o tecido por cima da perna não dominante, colocá-lo no ombro dominante, girando para a chave de cintura novamente.

## 1.7 *Locke* ou queda à frente

1.7.1 Chave de cintura.

1.7.2 Passar o joelho de cima entre a cintura e a mão não dominante.

1.7.3 Estender o quadril para frente a ponto de passar a perna inteira.

1.7.4 Virar de costas para o tecido.

1.7.5 Segurar com ambas as mãos acima da cabeça.

1.7.6 Afastar as pernas, posicionando-as uma de cada lado do tecido.

1.7.7 Soltar as duas mãos ao mesmo tempo e segurar no tecido de baixo.

1.7.8 Primeiro momento da queda.

1.7.9 Segundo momento da queda.

1.7.10 Terceiro momento da queda.

1.7.11 Quarto momento da queda.

**Desmontagem:** apenas subir e mexer as pernas para soltar o tecido.

# 1.8 Um e meio

1.8.1 Com a mão dominante, segurar no tecido o mais alto possível.

1.8.2 O braço não dominante passa entre o tecido e o corpo, fazendo uma "torção" na coluna.

1.8.3 Segurar o tecido com ambas às mãos, do lado dominante.

1.8.4 Fazer um esquadro, passando o tecido por cima da cintura.

1.8.5 Curva na perna dominante.

1.8.6 Passar o tecido pelas costas.

1.8.7 Trazer para a perna não dominante e passá-lo uma vez para trás.

1.8.8 Passar pelo abdômen.

1.8.9 Segurar com a mão não dominante.

1.8.10 Afastar os braços e pernas, formando uma "estrela" com o corpo.

**Desmontagem:** apenas subir e mexer as pernas para soltar o tecido.

## 1.9 Maluca

1.9.1 Com o tecido do lado dominante do corpo.

1.9.2 Esquadro.

1.9.3 Curva na perna dominante.

1.9.4 Trazer o tecido pelas costas
em direção à perna não
dominante.

1.9.5 a Passar duas vezes, de
frente para trás, pela
perna não dominante.

1.9.5 b Primeiro momento.

1.9.5 c Segundo momento.

1.9.5 d Finalização.

1.9.6 Colocar o tecido na frente do ombro não dominante.

1.9.7 Subir e virar de costas para o tecido (similar à posição do *Locke*).

1.9.8 Segurar com a mão dominante no tecido e a outra no tecido do ombro, direcionando para frente com o braço estendido.

1.9.9 Flexionar a perna dominante.

1.9.10 Soltar a mão de cima.

**Desmontagem:** apenas subir e mexer as pernas para soltar o tecido.

## 1.10 Sapinho

1.10.1 Separar o tecido ao meio.

1.10.2 a Esquadro: primeiro momento.

1.10.2 b Esquadro: segundo momento.

1.10.2 c Esquadro: terceiro momento.

1.10.3 Curva com ambas as pernas.

1.10.4 a Fazer um "xis" nas costas.

1.10.4 b Segundo momento.

1.10.5 Trazer ambos os lados do tecido para frente do corpo flexionando as pernas.

1.10.6 Passar os tecidos pelos joelhos (de dentro para fora).

1.10.7 Fazer novamente um "xis" nas costas e flexionar as pernas, direcionando os joelhos para frente.

**Desmontagem:** sem soltar os tecidos, levantar o corpo, deixando os braços estendidos.

## 1.11 Espacate

1.11.1 Separar o tecido ao meio.    1.11.2 Enrolar as pernas três vezes de fora para dentro.

1.11.3 Com as pernas afastadas inclinar o quadril para baixo.    1.11.4 Sem flexionar o joelho, subir, assumindo a posição de espacate lateral.    1.11.5 Estender os braços para cima.

**Desmontagem:** subir e desenrolar as pernas do tecido.

# 2 Lira

É um aparelho circular que nos últimos tempos também tem sido encontrado em diferentes formatos, como estrelas, quadrados, luas e triângulos, para citar alguns. É preso a um giro (distorcedor), que, por sua vez, fixa-se ao teto, possibilitando que o circense execute movimentos circulares e pendulares, de rotação e translação.

Subida: pode ser feita de diversas formas. A mais comum é a subida pela curva.

## 2.1 Quatro

2.1.1 Sentar com as pernas estendidas.

2.1.2 Segurar na parte superior do apare- lho e elevar o quadril.

2.1.3 Posicionar um pé no joelho.

## 2.2 Empurrada

2.2.1 Segurando na parte superior da lira.

2.2.2 Posicionar ambos os pés na parte inferior.

2.2.3 Estender as duas pernas, empurran- do a lira para frente.

## 2.3 Estrela

2.3.1 Similar a empurrada, porém estende-se uma perna para frente e outra para trás.

## 2.4 Lua

2.4.1 Encostar as costas no aparelho com ambas as pernas para o mesmo lado.

2.4.2 Cruzar uma perna por cima da outra, passando-a para o outro lado da lira.

2.4.3 Afastar os braços.

## 2.5 Cristo

2.5.1 Colocar a curva na parte superior do aparelho.

2.5.2 Deitar, apoiando os ombros na parte inferior e afastar os braços.

## 2.6 Rim

2.6.1 Na posição Cristo, descer o corpo até a parte inferior da lira ficar nas costas, na altura da lombar inferior.

2.6.2 Posicionar as pernas estendidas, por trás da lira.

2.6.3 Soltar os braços.

Variação: Poderá ser feito o Rim em L – pernas afastadas na posição "anteroposterior" em vez de "laterolateral" como no movimento citado acima.

## 2.7 Sereia

2.7.1 Curva na parte inferior do aparelho.

2.7.2 Afastar as pernas, posicionando o dorso dos pés nas laterais da lira.

2.7.3 Fazer uma extensão do quadril, virando o corpo em decúbito ventral.

## 2.8 Pé e mão

2.8.1 Curva na parte inferior da lira.

2.8.2 Manter a curva com apenas uma perna.

2.8.3 Estender a outra perna.

2.8.4 Soltar uma das mãos.

## 2.9 Morcegão

2.9.1 Colocar uma perna de cada lado da lira.

2.9.2 Apoiar o dorso de ambos os pés, na lateral da lira, cruzados.

2.9.3 Estender as pernas.

## 2.10 Trava pé

2.10.1 Com uma perna de cada lado da lira, apoiar um pé em cada lateral.

2.10.2 Estender as pernas.

2.10.3 Soltar as mãos.

## 2.11 Flecha e espacate

2.11.1 Curva na parte inferior, passar uma das pernas para trás, estender as pernas e direcionar o quadril pra cima (em direção a barra do trapézio).

2.11.2 Para executar o espacate, faça a flecha, afaste as pernas e mantenha-as estendidas.

# 3 Trapézio

A despeito das modalidades aéreas em geral, o *trapézio* fixo é uma das que também merece destaque.

> É provável que este tipo de prática tenha surgido a partir do aprimoramento das técnicas utilizadas para fuga na China, há milhares de anos, especialmente pelas mulheres que tentavam escapar dos refúgios e prisões impostos pelo estrito regime político da época. Além disso, o domínio das cordas e de outros elementos que permitiam subir e descer de alturas foi de grande interesse para a guerra, e, portanto, uma técnica necessária e frequentemente estudada e empregada pelos soldados (parte do adestramento militar). Sabe-se ainda que, já no Renascimento, os artistas mambembes utilizavam aparelhos semelhantes ao trapézio, possivelmente as primeiras versões do mesmo. (Bortoleto, 2008, p. 157)

Além disso, também são levadas em conta, especulações sobre a relação dos exercícios aéreos, dos quais o trapézio parece ser o mais antigo, com as técnicas de nós e amarrações de cordas dos marinheiros, sem, no entanto, haver condições de estabelecer com precisão quem foi de fato o principal responsável pela invenção, nem como essas modalidades se inseriram no circo, tempos depois.

O trapézio nada mais é que uma barra de ferro de aproximadamente 70 cm suspensa por duas cordas amarradas em suas extremidades de modo a possuírem uma abertura de angulação pouco maior que 90º em relação à barra, para dar maior estabilidade ao artista na execução de seu número. Daí o nome trapézio, pelo formato geométrico que a estrutura assume. A distância que a barra deve ter do chão, por sua vez, varia de 1,5 m a 4 m.

Subida: pode ser feita de diversas formas. A mais comum é a subida pela curva.

## 3.1 Quatro

3.1.1 Apoiar um dos pés para ficar em pé no aparelho.

3.1.2 Apoiar um dos pés no joelho direcionando o quadril para frente.

## 3.2 Cristo

3.2.1 Enrolar a perna dominante de frente para trás da corda.

3.2.2 Apoiar o pé na barra novamente.

3.2.3 Virar de costas para a corda na qual o pé está enrolado.

3.2.4 Encostar a orelha do lado dominante na corda.

3.2.5 Colocar a cabeça para trás e abrir os braços.

## 3.3 Morceguinho

3.3.1 Enrolar as duas pernas, uma de cada vez, de frente para trás da corda.

3.3.2 Apoiar os pés novamente na barra.

3.3.3 Agachar em direção a barra.

3.3.4 Soltar as mãos e ficar de ponta cabeça.

## 3.4 Xis

3.4.1 Apoiar os pés, um de cada vez, o mais alto possível.

3.4.2 Estender os joelhos e os braços.

## 3.5 Avião

3.5.1 Enrolar as duas pernas, uma de cada vez, de trás para frente da corda.

3.5.2 Passar ambos os pés para trás da barra.

3.5.3 Manter os joelhos estendidos.

3.5.4 Passar os braços para frente, estendendo-os lateralmente.

## 3.6 Garça

3.6.1 Sentado lateralmente no aparelho.

3.6.2 Segurar com as duas mãos na corda do lado dominante, estendendo os braços e inclinando o corpo para trás.

3.6.3 Apoiar o joelho da perna dominante na corda do trapézio.

3.6.4 Escorregar o corpo para frente a ponto de a barra ficar na altura do rim e soltar as mãos.

## 3.7 Sereia

3.7.1 Curva na parte inferior do aparelho.  3.7.2 Afastar as pernas, posicionando o dorso dos pés nas cordas.

3.7.3 Fazer uma extensão do quadril, virando o corpo em decúbito ventral.

## 3.8 Sereia no alto

3.8.1 Em pé.

3.8.2 Elevar os dois joelhos no peito.

3.8.3 Apoiar os pés na corda.

3.8.4 Fazer uma extensão do quadril, virando o corpo dem decúbito ventral.

## 3.9 Pé e mão

3.9.1 Curva na parte inferior apoiando um dos pés em uma das cordas.

3.9.2 Estender a outra perna para frente, soltando uma das mãos.

3.9.3 Flexionar um dos joelhos em direção ao peito e realizar uma rotação do tronco.

3.9.4 Estender a perna.

## 3.10 Morcegão

3.10.1 Com uma perna de cada lado do trapézio, apoiar ambos os pés cruzados na corda oposta.

3.10.2 Soltar as mãos.

# 4 Corda indiana

É uma corda de sisal, recoberta por um tecido, e que pode de algodão para diminuir atritos e possíveis escoriações no praticante. Como a lira, também possui um distorcedor, e, como todos os aparelhos aéreos, é suspenso do chão e preso ao teto. Nela, o circense prenderá uma estafa para enganchar a mão, o pé, ou mesmo o pescoço. Nessa estrutura, a pessoa é girada em torno de si mesma pela sua dupla, enquanto se exibe efetuando poses.

Subida: para subir no tecido acrobático, deve-se enrolar a perna dominante, deixando o tecido por cima do pé. O pé não dominante servirá de "trava", pisando sobre o tecido. A subida é feita com a força dos braços, combinada com o movimento grupado, que consiste em trazer ambos os joelhos em direção ao peito. Outras subidas: russa, esquadro, macaquinho.

# 4 Série de mão

## 4.1 Posição inicial

4.1.1 Prender a mão dominante na estafa (colocá-la no punho e fechar o anel).

4.1.2 Segurar firme com a mão dominante na estafa e, com a outra, segurar na corda, na altura do quadril, empurrando a corda para longe do corpo.

4.1.3 Soltar as pernas, mantê-las unidas e estendidas.

## 4.2 Sereia

4.2.1 Ainda na posição da prancha, passar os joelhos para frente, acima do braço dominante.

4.2.2 Fazer uma extensão do quadril, projetando o tronco para frente.

## 4.3 Sereia com quatro

4.3.1 Na posição da sereia, soltar uma das pernas e colocá-la no joelho.

## 4.4 Sereia estendida

4.4.1 Apenas estender a perna que está no joelho, na posição "sereia com quatro".

## 4.5 Bandeirão

4.5.1 Apoiar perna que está à frente nas posições anteriores em cima do pé de base.

4.5.2 Estender ambas as pernas.

4.5.3 Soltar a mão de base.

# 5 Série de pé

## 5.1 Posição inicial

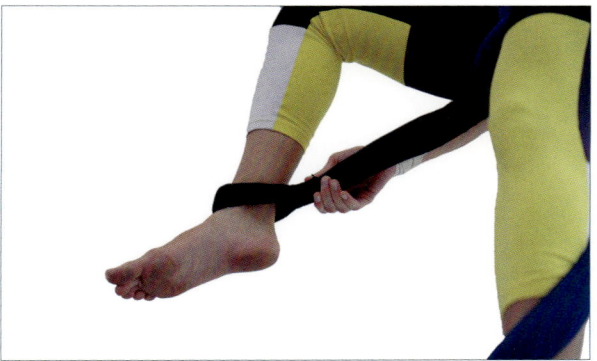

5.1.1 Prender o pé dominante na estafa (colocá-la no tornozelo e fechar o anel), prender o pé dominante na estafa (colocá-la no tornozelo e fechar o anel.

5.1.2 Descer as mãos devagar para ficar de ponta cabeça, escorregando a perna não dominante para baixo.

## 5.2 Espacate

5.2.1 Na posição inicial, soltar as mãos.

5.2.2 Afastá-las e manter o corpo virado para cima.

## 5.3 Cristo

5.3.1 Desenrolar a perna de baixo e estendê-la, deixando-a ao lado do pé da estafa, empurrar a corda com a mão dominante, na altura do quadril e abrir o outro braço.

## 5.4 Bandeira

5.4.1 Com a perna não dominante esten-
dida trazê-la na lateral do corpo, até
que a mão alcance o pé e afastar o
outro braço.

## 5.5 Pé à cabeça

5.5.1 Após a posição da bandeira, direcionar o pé até a cabeça, flexionando
o joelho.

## 5.6 Arco

5.6.1 Colocar a corda nas costas seguran-do com ambas as mãos acima da cabeça.

5.6.2 Estender os braços, empurrando a corda para longe do corpo apoiando o pé no joelho.

5.6.3 Estender a perna para baixo.

## 5.7 Pé de ferro para baixo

5.7.1 Virar novamente de frente para a corda. Apoiar a planta do pé na corda, na altura do abdômen. Estender a perna, empurrando o aparelho para trás, afastando os braços e levantando o peito.

## 5.8 Pé de ferro para cima

5.8.1 Idem exercício anterior; girar o corpo em decúbito dorsal.

# 6 Corda/tecido marinho

É semelhante à corda indiana, sendo, no entanto, presa pelas duas pontas, que devem distar 3 metros entre si, aproximadamente. O aparelho possibilita que o circense execute truques em balanço, quedas e poses.

Subida: pode ser feita de diversas formas. A mais comum é a subida pela curva.

 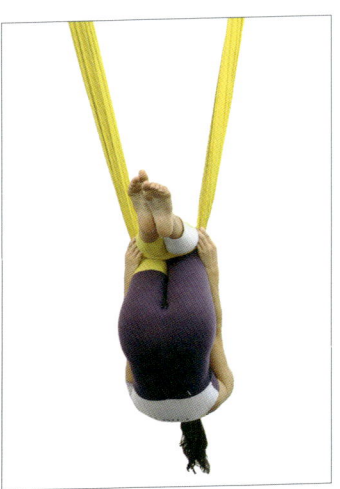 

## 6.1 Cambalhota em pé

6.1.1 Enrolar as duas pernas, uma de cada vez, de frente para trás do aparelho, apoiando os pés na base novamente.

6.1.2 Passar ambos os pés para frente, fazendo que o tecido/corda fique no tornozelo.

6.1.3 Apoiar as mãos na altura da cintura.

6.1.4 Inclinar o corpo para frente.

6.1.5 a Executar um giro completo (cambalhota, sem flexionar o joelho e sem soltar as mãos do aparelho.

6.1.5 b Segundo momento.

6.1.5 c Terceiro momento.

6.1.5 d Finalização.

## 6.2 Quatro

6.2.1 Em pé.

6.2.2 Apoiar um dos pés no joelho e direcionar o tronco e o quadril para frente.

## 6.3 Quadrado

6.3.1 Apoiar os pés, um de cada vez, o mais alto possível nas laterais do aparelho e estender os joelhos e os braços.

## 6.4 Sereia no alto

6.4.1 Subir os dois joelhos em direção ao peito.

6.4.2 Apoiar o dorso de ambos os pés nas laterais do aparelho e fazer uma extensão do quadril projetando-o para baixo.

## 6.5 Pé e mão

6.5.1 Curva na parte inferior apoiando um dos pés em uma das laterais do aparelho.

6.5.2 Estender a outra perna para frente soltando uma das mãos.

## 6.6 Cambalhota cruzada

6.6.1 Sentar no tecido/corda.

6.6.2 a Cruzar o tecido formando um "xis" na frente do corpo.

6.6.2 b Girar o corpo para trás, mantendo a posição sentada.

## 6.7 Queda à frente

6.7.1 Na posição sentada, estender o corpo para trás e escorregar para frente, até que a base do aparelho fique nas costas, na altura da lombar.

6.7.2 Afastar as pernas na posição do esquadro.

6.7.3 flexionar os joelhos, posicionando os pés no interior do aparelho.

6.7.4 Segurar no tecido/corda que está acima dos pés.

6.7.5 Subir o corpo, ficando na posição em pé.

6.7.6 Afastar e estender as pernas.

6.7.7 Soltar as mãos do aparelho.

## 6.8 Apoio de pescoço

6.8.1 Após a queda a frente, inclinar o pescoço para trás.

6.8.2 Tirar os ombros do aparelho.

6.8.3 Trazer os joelhos em direção ao peito.

6.8.4 Estender ambas as pernas para cima, apoiando os pés (peito) nas laterais do aparelho.

6.8.5 Afastar os braços.

## 6.9 Giros

6.9.1 Realizar a pose "pé e mão".

6.9.2 Elevar a perna dominante, direcionando para o outro lado do aparelho, fazendo que o corpo dê um giro de 360 graus.

6.9.3 Repetir esse movimento mais duas vezes.

6.9.4 Posicionar o corpo no meio do tecido/corda (abdômen encostado no aparelho); e posicionar a cabeça em um dos lados.

6.9.5 Afastar os braços.

## 6.10 Flecha e espacate no alto

6.10.1 Juntar as pernas.

6.10.2 Estender as pernas para o alto, ficando na posição de ponta cabeça.

6.10.3 Para executar o espacate, basta afastar as pernas e mantê-las estendidas.

# ★ Dicas importantes

Sobretudo nas técnicas aéreas, é de grande importância que os aparelhos recebam uma atenção especial no que diz respeito a sua instalação, que deve ser verificada pelo professor, desde as faixas e manilhas até as cordas. Do mesmo modo, o material deve ter certificação de qualidade por parte dos fabricantes, e receber o cuidado de ser instalado nas alturas adequadas de acordo com a necessidade específica de cada praticante, bem como com a fase de aprendizagem em que este se encontra.

Durante a execução das atividades, recomenda-se que, na saída do aparelho, o cuidado seja redobrado, em razão das percepções de espaço que evidentemente estarão alteradas, sobretudo quando o praticante está ainda em fase inicial de contato com as técnicas.

A vestimenta também é um tópico importante. Devemos priorizar roupas que protejam as axilas, as pernas e o abdômen, evitando lesões provindas do contato brusco com o aparelho, ou mesmo hematomas e escoriações. Para os calçados, priorizar botas flexíveis de couro e/ou tornozeleiras que aumentem o conforto e protejam de maneira mais adequada. Essas são algumas dicas de segurança para o treino de exercícios aéreos, otimizando ao máximo os resultados e evitando acidentes.

Vale lembrar que a utilização de acessórios, como colchões e lonjas de segurança, garantem a proteção em caso de quedas. Tais materiais são imprescindíveis para o treinamento dos aparelhos aéreos.

# ★ 3 ★

# MODALIDADES ACROBÁTICAS

É própria da modalidade acrobática, a execução isolada, ou mesmo a combinação de alguns movimentos tais como saltos, rotações (giros) ou então exercícios de equilíbrio, tanto estático quanto dinâmico. Os aparelhos mais conhecidos nesta modalidade são: acrobacias de solo, *acrobalance*, pirâmides, báscula, mesa de dandes e trampolim acrobático. Vamos a alguns deles.

# 1 Acrobacias de solo

Com a necessidade que, desde os primórdios da humanidade, o homem sentiu de dominar a natureza e, para tanto, seu próprio corpo, houve ao longo dos tempos, o aperfeiçoamento de alguns gestos inabituais, isto é, daqueles gestos "que não pertencem aos movimentos elementares predispostos na bagagem genética do ser humano" (Bortoleto, 2008, p. 17). Nasceu daí, a acrobacia, que hoje assume várias formas e sentidos, visando ao caráter espetacular do movimento.[1]

Provavelmente por conta desse caráter fantástico, ligado ao universo mágico, antinatural e inacreditável do gesto que subverte sua função original e cotidiana, é que as modalidades acrobáticas deixaram de integrar apenas as artes marciais e algumas outras manifestações, para fazer da lona circense um dos seus principais abrigos. Inúmeras são, portanto, as especialidades desenvolvidas a partir dessa técnica, podendo, ainda, ser combinadas, dando origem a novos desafios. Dessa forma, a acrobacia ganhou destaque, sendo considerada como um dos pressupostos para o melhor desempenho de um artista em cena, ainda que não seja, evidentemente, o único fator determinante.

Talvez o aspecto mais atraente de todas as suas características, seja o da transgressão, inclusive – ou sobretudo – aquela referente às leis da física, em que os elementos de improviso e espontaneidade do movimento são suprimidos, dando lugar ao gesto preciso, obtido por meio de treinamento rígido, com repetições incansáveis, e visando à estupefação dos sentidos.

Alguns tipos de acrobacias de solo: rolamento para frente, rolamento para trás, estrela, ponte para trás, ponte para frente e *flic-flac*.

---

[1] Na Grécia e no Egito antigos, por exemplo, evidências arqueológicas, como pinturas, gravuras em baixo relevo, acusam desde aquela época há prática de atividades nitidamente semelhantes às que hoje denominamos de acrobáticas.

## 1.1 Rolamento à frente

Iniciar em pé, flexionar os dois joelhos, apoiando as mãos no colchão; colocar o queixo no peito e impulsionar as pernas, tocando a nuca no solo, fazendo um rolamento sobre a parte dorsal e terminar o movimento em pé.

 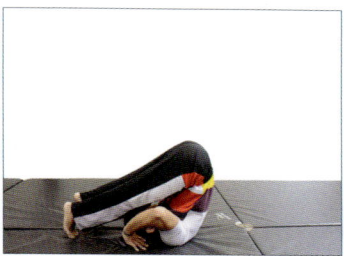 

## 1.2 Rolamento à frente com pernas afastadas

Mesmo procedimento do item 1.1, com a diferença que no momento do rolamento as pernas se afastarão e as mãos farão um apoio entre as pernas ajudando a ficar em pé.

## 1.3 Rolamento de costas

Iniciar em pé de costas para o colchão com os braços estendidos na frente do corpo; flexionar as pernas, executando um rolamento sobre a dorsal e levar as mãos em direção ao colchão ao lado das orelhas ajudando a impulsionar o corpo para cima ficando em pé.

## 1.4 Parada de três apoios

1.4.1 Iniciar ajoelhado no colchão.

1.4.2 Colocar as mãos e a cabeça formando um triângulo equilátero.

1.4.3 Impulsionar as duas pernas grupadas, adquirindo equilíbrio sobre as mãos e a cabeça, terminando
estendendo as pernas.

## 1.5 Parada dois apoios

1.5.1 Iniciar em pé de frente para o colchão com os braços estendidos.

1.5.2 Colocar uma perna à frente, apoiando os dois braços no solo.

1.5.3 Impulsionar a perna de trás até ficar na posição invertida.

## 1.6 Parada de dois apoios seguida de rolamento

O mesmo procedimento do item 1.5 até a posição invertida que é o exato momento de flexionar os braços; a colocar o queixo na parte externa do peito e fazer o rolamento por sobre a r uca e o dorso, até ficar em pé.

## 1.7 Estrela

1.7.1 Iniciar em pé de frente para o colchão com os braços estendidos.

1.7.2 Colocar uma perna à frente.

1.7.3 As mãos na linha da perna que está à frente.

1.7.4 Impulsionar a perna de trás, passando com as pernas afastadas por sobre o tronco, atingindo o solo com ambas as pernas afastadas.

## 1.8 Reversão

Iniciar em pé de frente para o colchão; elevar os braços, fazendo uma pequena corrida para execução de um sobre passo, apoiando as mãos no chão com os braços estendidos, fazendo uma repulsão de ombro e ao mesmo tempo arremessando os calcanhares.

## 1.9 *Flick*

1.9.1 Iniciar em pé, de costas para o colchão, com os braços estendidos.

1.9.2 Flexionar as pernas ao mesmo tempo em que os braços abaixam até a altura das pernas, deixando o corpo desequilibrar para trás.

1.9.3 a Impulsionar tudo ao mesmo tempo pernas, braços e tronco, mantendo a cabeça no meio dos braços.

1.9.3 b Apoiando as mãos no solo com os braços estendidos, trazendo as pernas juntas como um estilingue e caindo em pé.

1.9.3 c Segundo momento.

1.9.3 d Terceiro momento.

1.9.3 e Quarto momento.

1.9.3 f Quinto momento.

1.9.3 g Finalização do movimento.

## 1.10 Mortal

1.10.1 Iniciar em pé de costas para o colchão com os braços estendidos na frente do corpo.

1.10.2 Flexionar a perna, abaixando os braços ao mesmo tempo até a altura da cintura.

1.10.3 a Impulsionar tudo ao mesmo tempo: pernas, braços e tronco, mantendo a cabeça entre dos braços apoiando as mãos no solo com os braços estendidos, trazendo as pernas juntas como um estilingue e caindo em pé.

1.10.3 b Primeiro momento.

1.10.3 c Segundo momento.

1.10.3 d Terceiro momento.

1.10.3 e Quarto momento.

1.10.3 f Finalização do movimento.

# 2 Acrobacias de solo em duplas

## 2.1 Rolamento em dupla

2.1.1 Iniciar com um acrobata deitado no solo em decúbito dorsal, um segundo acrobata fica em pé com os pés próximos a sua cabeça do primeiro acrobata para que ele pegue seu tornozelo.

2.2.2 a Juntos, cada um segurando o tornozelo do outro, como apoio.

2.2.2 b Executam o rolamento à frente, nunca se esquecendo de colocar o queixo no externo.

## 2.2 Rolamento em dupla estendido

2.2.1 Iniciar com um acrobata deitado no solo em decúbito dorsal, um segundo acrobata deita sobre o primeiro com os pés próximos a sua cabeça para que ele pegue seu tornozelo.

2.2.2 Juntos, cada um segurando o tornozelo do outro executam o rolamento estendido em dupla.

## 2.3 Centopeia

2.3.1 Iniciar com um acrobata em posição com quatro apoios com braços e pernas estendidas e quadril para o alto.

2.3.2 Um segundo acrobata se posicionara entre as pernas do primeiro acrobata que cruzará suas pernas nas costas do seu companheiro.

2.3.3 Ambos sairão andando, sincronizando os movimentos de pés e mãos.

## 2.4 Flor

2.4.1 Iniciar com um acrobata deitado com as pernas flexionadas e os braços estendidos.

2.4.2 a Um segundo acrobata coloca as mãos nos joelhos do seu companheiro que está deitado.

2.4.2 b E entrega seus ombros para ele também.

2.4.3 a Lançar as pernas para o alto, executando uma parada de ombros.

2.4.3 b Estender as pernas.

## 2.5 Avião

2.5.1 Iniciar com um acrobata deitado com as pernas e os braços estendidos.

2.5.2 a Um segundo acrobata segura as mãos do companheiro e apoia a sua cintura nos seus pés.

2.5.2 b Soltar as mãos e afastar os braços lateralmente.

## 2.6 Tranca

2.6.1 Iniciar com um acrobata atrás do outro. O acrobata de trás deita no solo com as pernas e os braços elevados.

2.6.2 a O volante entrega suas mãos para o portô.

2.6.2 b Este realiza um impulso para colocá-lo sentado em seus pés.

2.6.2 c Soltar as mãos e afastar os braços lateralmente.

## 2.7 Segunda altura

2.7.1 Iniciar com dois acrobatas um de frente para o outro de mãos dadas (primeiro a mão direita depois a esquerda).

2.7.2 O acrobata porto flexiona as pernas, firmando seus braços para que o acrobata volante tenha apoio em suas mãos.

2.7.3 a O volante, colocando seu pé direito na perna do portô, impulsiona ao mesmo tempo a sua perna esquerda para cima da perna do ombro do portô.

2.7.3 b Ficando em pé.

2.7.3 c Soltar as mãos, o volante estende os braços lateralmente enquanto o portô o segura pela panturrilha.

## 2.8 Bandeira

2.8.1 Iniciar com dois acrobatas um de frente para o outro de mãos dadas.

2.8.2 O acrobata porto flexiona as pernas, e o volante usa uma das pernas do porto como apoio para passar a sua outra perna por cima do ombro, finalizar o movimento sentando nos ombros do porto.

2.8.3 O porto flexiona as pernas, e o volante sai dos seus ombros, ficando em pé sobre as pernas do porto com os braços abertos.

## 2.9 Passagem de mão

2.9.1 Iniciar com dois acrobatas um de frente para o outro.

2.9.2 Os braços do porto deverão estar estendidos para frente com as palmas da mão para cima e as palmas das mãos do volante deverão estar para baixo.

2.9.3 O volante realiza um sobre passo apoiando as suas mãos sobre as mãos do portô.

2.9.4 Impulsionando-se para o alto com as pernas afastadas.

2.9.5 Passando por cima da cabeça do porto, caindo em pé atrás dele.

## 2.10 *Kip* de cabeça

2.10.1 Iniciar com um acrobata em pé flexionando as pernas e apoiando as mãos e a cabeça no formato de um triângulo equilátero sobre um acrobata.

2.10.2 Impulsionando as pernas unidas, o acrobata eleva seu quadril para o alto, desequilibrando-o para a frente, utilizando as pernas como uma báscula ao mesmo tempo que utiliza os braços para empurrar as costas do companheiro e cair em pé.

# 3 Acrobacias no Minitrampolim

## 3.1 Estendido

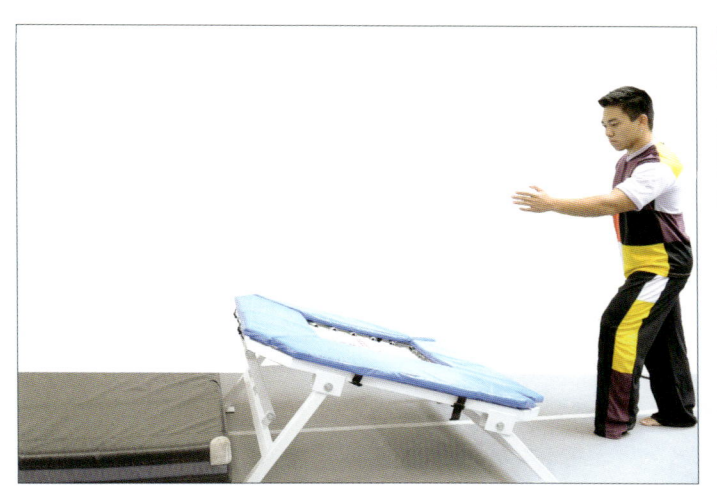

3.1.1 Corrida de aproximação.

3.1.2 A chegada no minitrampolim é feita tirando um dos pés do chão e batendo com os dois juntos na rede do minitrampolim.

3.1.3 Com uma leve flexão de joelhos, braços para trás, finalizando com a impulsão de braços e pernas para o alto tentando alcançar a maior altura possível mantendo o corpo totalmente estendido na fase aérea do salto até chegar em pé no colchão.

## 3.2 Grupado

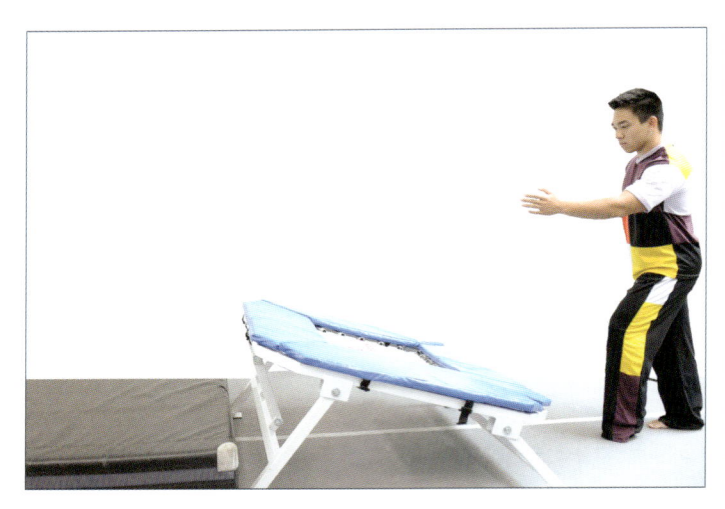

3.2.1 Corrida de aproximação.

3.2.2 A chegada no minitrampolim é feita tirando um dos pés do chão e batendo com os dois juntos na rede do minitrampolim.

3.2.3 Mesmo processo do salto estendido, só que na fase aérea o acrobata deve trazer seus dois joelhos em direção ao peito, segurando-os com as duas mãos e estendendo logo em seguida para chegar em pé no colchão.

## 3.3 Afastado

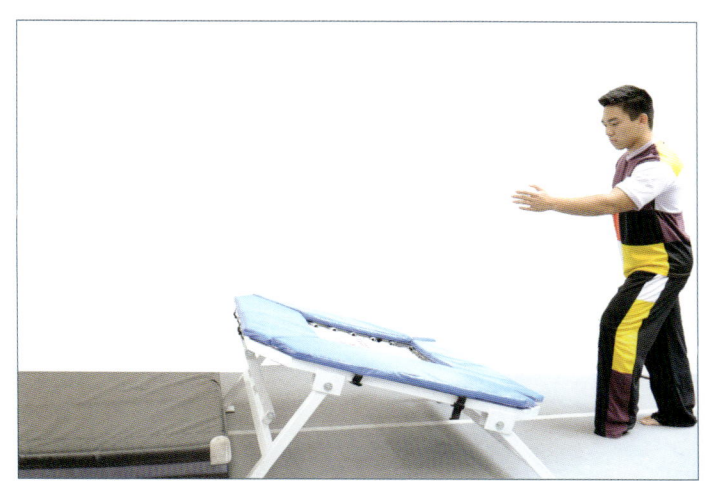

3.3.1 Corrida de aproximação.

3.3.2 A chegada no minitrampolim é feita tirando um dos pés do chão e batendo com os dois juntos na rede do minitrampolim.

3.3.3 Após a batida de impulsão no minitrampolim, o acrobata, na fase aérea, elevará as pernas afastadas, flexionando um pouco o tronco à frente para encostar as mãos nos pés, para logo em seguida fechar as pernas e cair em pé no colchão.

## 3.4 Carpado

3.4.1 Corrida de aproximação.

3.4.2 Chegada no minitrampolim é feita tirando um dos pés do chão e batendo com os dois juntos na rede do minitrampolim.

3.4.3 Após a batida de impulsão no minitrampolim, o acrobata, na fase aérea, trará as pernas estendidas e fechadas flexionando um pouco o tronco para tocar com as mãos a ponta dos pés, para em seguida cair em pé no colchão.

## 3.5 Salto leão (mergulho)

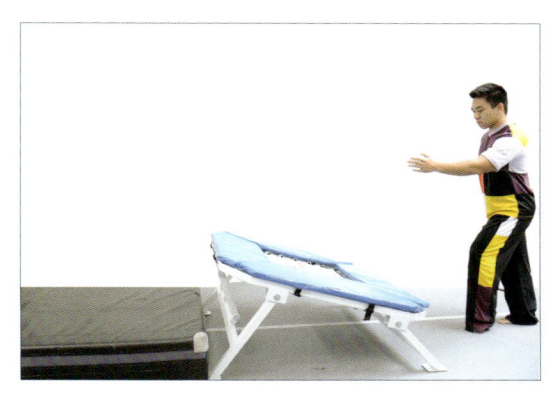

3.5.1 Corrida de aproximação.

3.5.2 A chegada no minitrampo-lim é feita tirando um dos pés do chão e batendo com os dois juntos na rede do minitrampolim.

3.5.3 a Após a batida no mini-trampolim o acrobata realizará um rolamento à frente no ar com o corpo todo estendido e as pernas elevadas para poder impulsionar o giro.

3.5.3 b Os braços chegam primeiro no colchão para amortecer a queda, a cabeça vai em direção ao peito dando uma forma arredondada no corpo, executando um rolamento até terminar em pé.

## 3.6 Mortal à frente

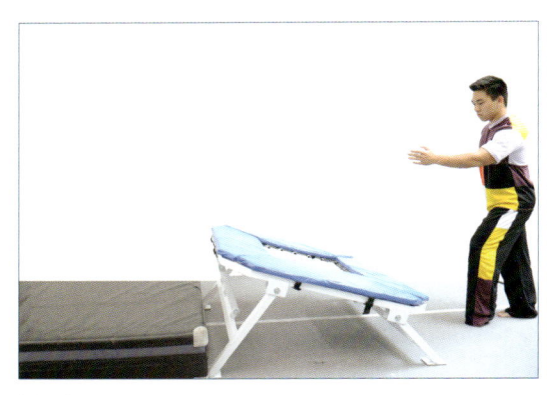

3.6.1 Corrida de aproximação.

3.6.2 A chegada no minitrampo-lim é feita tirando um dos pés do chão e batendo com os dois juntos na rede do minitrampolim.

3.6.3 Após a batida de impulsão no minitrampolim o acrobata, na fase aérea, voará numa pequena diagonal à frente com braços e pernas estendidos. Quando atingir a altura máxima, grupará o corpo, trazendo os joelhos ao peito, segurando firme com os braços para em seguida abrir o corpo, estendendo braços e pernas e aterrissando em pé no colchão.

## 3.7 Reversão à frente

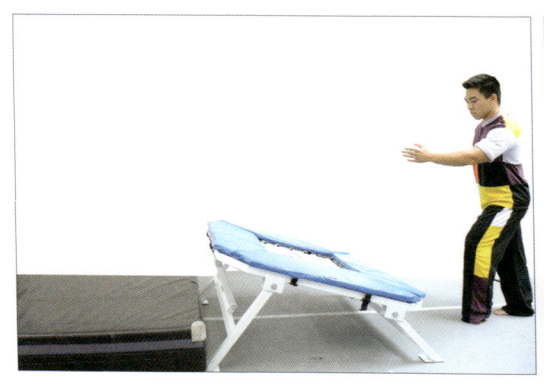

3.7.1 Corrida de aproximação.

3.7.2 A chegada no minitrampolim é feita tirando um dos
pés do chão e batendo com
os dois juntos na rede do minitrampolim.

3.7.3 Após a batida de impulsão no minitrampolim, o acrobata apoiará as mãos no colchão com os braços estendidos, formando uma ponte ou um arco com o corpo caindo em pé no colchão.

# 4 Acrobacias no trampolim acrobático

## 4.1 Estendido

4.1.1 O acrobata pulará arremessando o corpo para cima em uma vertical com os braços e pernas estendidos, utilizando os braços como uma alavanca para ganhar altura e manter o equilíbrio do corpo no ar.

4.1.2 Na fase aérea, unir os pés e ao tocar a lona colocar os pés em abertura natural.

# 4.2 Grupado

4.2.1 Estender os braços para o alto como uma alavanca elevando o corpo no ar.

4.2.2 Elevar os joelhos em direção ao peito ao mesmo tempo que os braços descem para abraçar os joelhos, inclinando o tronco à frente.

4.2.3 Estender as pernas rapidamente para tocar a lona do trampolim em pé.

## 4.3 Afastado

4.3.1 Estender os braços para o alto como uma alavanca elevando o corpo no ar.

4.3.2 Elevar e afastar as pernas realizando uma posição carpada no ar (como se estivesse sentado), enquanto os braços se abaixam para tocar a ponta dos pés.

4.3.3 Estender as pernas rapidamente para tocar a lona do trampolim em pé.

# 4.4 Carpado

4.4.1 Estender os braços para o alto como uma alavanca elevando o corpo no ar.

4.4.2 Elevar as pernas unidas realizando uma posição carpada no ar (como se estivesse sentado), enquanto os braços se abaixam para tocar a ponta dos pés.

4.4.3 Estender as pernas rapidamente para tocar a lona do trampolim em pé.

## 4.5 Salto de costas

4.5.1 Estender os braços para o alto como uma alavanca elevando o corpo no ar.

4.5.2 Lançar o corpo para trás em uma diagonal até atingir uma posição de 90°, mantendo as pernas elevadas e estendidas, tocando a rede do trampolim com os costas.

4.5.3 Estender as pernas rapidamente para tocar a lona do trampolim em pé.

## 4.6 Salto frontal

4.6.1 Estender os braços para o alto como uma alavanca elevando o corpo no ar.

4.6.2 a Tocar a rede em decúbito ventral com o corpo totalmente estendido. Braços, pernas e tronco devem tocar a rede por igual, fazendo o corpo realizar uma forma levemente arredondada sobre a rede.

4.6.2 b O pescoço deve estar ligeiramente firme para não bater a cabeça na rede.

4.6.3 Estender as pernas rapidamente para tocar a lona do trampolim em pé.

**Observação:** o acrobata deve ser cauteloso ao realizar este salto, pois se ele for executado de maneira inadequada é grande o risco de lesão.

## 4.7 Senta-levanta

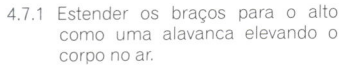

4.7.1 Estender os braços para o alto como uma alavanca elevando o corpo no ar.

4.7.2 Na fase aérea o acrobata deve elevar as pernas unidas e estendidas para tocar a rede.

4.7.3 Os braços devem ser ligeiramente flexionados para manter o equilíbrio do corpo no trampolim com o tronco ligeiramente inclinado para trás, e manter a cabeça firme olhando para frente.

4.7.4 Estender as pernas rapidamente para tocar a lona do trampolim em pé.

# 4.8 Mortal à frente

4.8.1 Estender os braços para o alto como uma alavanca elevando o corpo no ar.

4.8.2 a Na fase aérea o acrobata deve impulsionar seu corpo estendido em uma leve diagonal até o pico do salto. Neste momento elevar os joelhos em direção ao peito.

4.8.2 b Deixar o braços e a cabeça bem firme junto ao corpo e segurando firme os joelhos realizar uma rotação do corpo.

4.8.3 Estender as pernas rapidamente para tocar a lona do trampolim em pé.

## 4.9 Mortal de costas

4.9.1 Estender os braços para o alto como uma alavanca elevando o corpo no ar.

4.9.2 Na fase aérea o acrobata deve impulsionar seu corpo estendido em uma leve diagonal até o pico do salto.

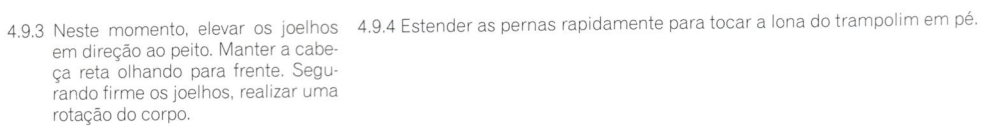

4.9.3 Neste momento, elevar os joelhos em direção ao peito. Manter a cabeça reta olhando para frente. Segurando firme os joelhos, realizar uma rotação do corpo.

4.9.4 Estender as pernas rapidamente para tocar a lona do trampolim em pé.

# ★ Dicas importantes

Para as técnicas acrobáticas, devemos também prestar atenção em alguns cuidados que ajudam a evitar desastres durante o seu desenvolvimento. É de suma relevância, antes de mais nada, que o portô tenha pleno conhecimento sobre postura e presença de espírito para encontrar saídas de improviso diante de riscos imprevistos. Embora soe como obviedade, sem esses cuidados, o praticante potencializa as chances de um acidente.

A utilização de cintos, colchões de proteção e lonjas é, nesse sentido, mais que recomenda, principalmente quando o domínio sobre os aparelhos ainda não está consolidado. No entanto, nem sempre é possível evitar quedas, daí a necessidade de técnicas que as suavizem, amortecendo ao máximo o impacto por meio de exercícios de defesa como o "rolamento", o "mergulho", o "arredondamento", o "grupamento", entre outros. Uma turma pequena, de no máximo oito alunos em média propicia também que a disponibilidade do professor para cada aluno seja maior e, portanto, de melhor qualidade.

# MODALIDADES DE DESTREZAS DE EQUILÍBRIO

As destrezas, tanto de equilíbrio quanto de manipulação, das quais falaremos a seguir, são modalidades que trabalham, sobretudo, itens como tempo de reação, coordenação, agilidade, ritmo e, claro, equilíbrio, estático e dinâmico. Alguns aparelhos bastante conhecidos nessa modalidade são o monociclo, a perna-de-pau, o arame e a bola de equilíbrio, dos quais veremos, a partir de agora, os dois primeiros.

## 1 Monociclo

Não se pode determinar com certeza, mas acredita-se que o monociclo tenha se desenvolvido a partir do processo de evolução da bicicleta, sobretudo do modelo criado pelo inglês James Starley, em 1866, cuja roda traseira, menor que a dianteira, frequentemente via-se suspensa do chão, em razão da estrutura da ge-

ringonça, o que certamente logo deu a ideia de prescindir de uma das rodas, sem que o modelo tradicional

sofresse com isso o prejuízo de ser esquecido.

Utilizar o monociclo requer um grande equilíbrio de seus praticantes, estimulando assim as suas habi-

lidades motoras com uma finalidade lúdica, visando a uma possibilidade de locomoção. No entanto, inúme-

ras são as possibilidades de utilização do monociclo, seja como opção de esportes radicais, em ambientes

naturais ou centros urbanos, em disputas etc., sempre havendo para cada atividade um aparelho adequado.

1.1 Em pé, de frente para o monociclo.

1.2 Alinhar os pedais na horizontal, com o pé dominante para a frente.

1.3 Trazer o banco em direção ao seu corpo, posicionando-o entre as pernas.

1.4 Ir com o corpo para frente, posicionando o banco reto, acima dos pés, manter o centro de gravidade sobre a barra vertical do monociclo e seu peso concentrado no banco, e não nos pedais.

1.5 Iniciar a pedalada, sempre com o corpo ereto, usando os braços para manter o equilíbrio do corpo.

# ★ Dicas de segurança

Para crianças e alunos iniciantes, é sempre interessante que haja um apoio com um caminho contínuo, como uma corda. Se não houver, usar ajuda dos colegas de classe, um de cada lado segurando os braços do "ciclista".

Se houver disponibilidade de equipamentos de segurança como joelheira, cotoveleira.

# 2 Perna-de-pau

A perna-de-pau, por sua vez, é uma estrutura de madeira utilizada para aumentar a altura das pessoas, forjando criaturas gigantescas ou facilitando a obtenção de algum objetivo específico que dependa dessa característica. Originalmente, como relatam alguns autores, eram usadas para vencer obstáculos naturais, como a travessia de riachos ou então uma melhor visualização dos rebanhos, dada a possibilidade de visão panorâmica que o aparelho proporciona.

A perna-de-pau possui um alto potencial recreativo, e faz parte da cultura circense há séculos, integrando a modalidade de mesmo nome. Em sua prática, sobretudo no início do processo de aprendizagem, é importante que seja instituído um período de descanso, após 15 minutos aproximadamente sobre o aparelho. Desses intervalos depende a segurança do aluno e, claro, o seu sucesso na evolução da modalidade.

Vale recorrer também à ajuda de um companheiro, seja com este à frente do aparelho com as duas mãos dadas; com duas pessoas, uma em cada lateral, cada uma segurando uma das mãos do praticante; com apenas uma pessoa de um dos lados, revezando a mão; ou até mesmo com alguém ao lado ou em frente, mas sem dar as mãos.

## 2.1 Deslocamento frontal

2.1.1 Posição inicial: em pé, corpo e pernas estendidas.

2.1.2 Ainda com o corpo ereto, elevar a perna, flexionando o joelho e o quadril.

2.1.3 Estender a perna e apoiá-la ao solo em frente ao corpo em posição posterior. Fazer a mesma sequência repetidamente com ambas as pernas, alternando-as com o movimento de caminhada convencional, porém com uma maior elevação dos joelhos.

## 2.2 Deslocamento lateral

2.2.1 Posição inicial: em pé, corpo ereto e pernas estendidas.

2.2.2 Ainda com o corpo ereto, elevar a perna, flexionando o joelho e o quadril.

2.2.3 Estender a perna e apoiá-la ao lado do corpo em posição laterolateral. Fazer a mesma sequência repetidamente, como um movimento de caminhada lateral, porém com uma maior elevação dos joelhos.

## ★ Dicas de segurança

Para crianças e alunos iniciantes, é sempre interessante que haja um apoio com um caminho contínuo, como uma barra fixa alta ou uma corda.

Se houver disponibilidade de equipamentos de segurança como joelheira, cotoveleira.

Colchonetes por perto.

# 3 Bola de equilíbrio

Ao subir na bola, ficar em pé, com o corpo ereto, pernas estendidas.

Usar os braços para manter o equilíbrio e os pés para direcionar a bola, com passos pequenos, rápidos e contínuos, já que este é um aparelho de equilíbrio dinâmico.

Tipos de subida:

- *Subida correndo*: com uma certa distancia do aparelho, iniciar uma pequena corrida. Ao se aproximar da bola, subir com um pé de cada vez, posicionando o corpo em cima da bola.

- *Subida parada*: com a bola parada, subir com os dois pés ao mesmo tempo, dando um pulo, ficando na posição de "cócoras". Levantar-se devagar, sempre posicionando o corpo e mantendo o centro de gravidade bem no meio da bola.

## 3.1 Subida

3.3.1 Com uma certa distância do aparelho, iniciar uma pequena corrida. Ao se aproximar da bola, subir com um pé de cada vez, posicionando o corpo em cima da bola. Com a bola parada, subir com os dois pés ao mesmo tempo, dando um pulo, ficando na posição de 'cócoras'. Levantar-se devagar, sempre posicionando o corpo e mantendo o centro de gravidade bem no meio da bola.

# ★ 5 ★

# MODALIDADES DE DESTREZAS DE MANIPULAÇÃO

Por fim, este último grupo de modalidades, das quais fazem parte os exercícios com bolas, aros, pratos, claves, laços, diabolô e *swings*. Ele envolve habilidades específicas de coordenação motora e, como as destrezas de equilíbrio, também trabalham com eficiência tempo de reação, ritmo e agilidade.

A representação mais antiga que conhecemos da prática do malabar, comumente denominado "malabares", antes mesmo de receber tal definição, encontra-se no Egito, na décima quinta tumba de Beni Hassan, príncipe do Império Médio entre 1994 e 1781 a.C. (Bortoleto, 2008, p. 39)

Estamos falando de imagens decorativas em objetos, representando mulheres em atividades com bolas, as quais foram usadas com fins religiosos por líderes, por exemplo, além de fazer parte do rol de atividades dos futuros saltimbancos, solidificando-se com autonomia a partir do século XIX, e tirando o malabarista das ruas para incorporá-lo ao circo e aos espetáculos de variedades com um apuro técnico bem maior.

A arte do malabarismo possui uma relação indispensável com a habilidade do praticante, pois requer treino para qualquer que seja o tipo de execução, além de um evidente pendor artístico, pois exige uma expressão corporal para que o desenho das bolinhas seja mantido no ar, dando forma a um fascinante resultado estético, que inclui também o jogo de lançamento e recepção envolvendo mais de uma pessoa. No entanto, malabarismos podem também ser realizados com claves, aros, diabolô, laço, bastão, prato, dentre tantos outros, dividindo-se, dessa forma, em quatro grandes grupos: malabarismo de lançamento, malabarismo de equilíbrio dinâmico, malabarismos giroscópicos e malabarismo de contato.

# 1 Malabares com bola

## 1.1 Uma bola

Iniciar com a bola na mão dominante, palma voltada para cima. Lançá-la para o alto e recuperá-la com a mesma mão. Repetir o movimento com a outra mão.

Continua

Continuação

## 1.2 Duas bolas

1.2.1 Iniciar com uma bola em cada mão. Lançar e recuperar a bola, uma mão de cada vez, recuperando-a com a mesma mão. Repetir o movimento algumas vezes, inclusive iniciando-o com a mão não dominante.

Continua

Continuação

1.2.2 Iniciar com uma bola em cada mão. Lançar e recuperar a bola, uma mão de cada vez, execu-tando movimento de parábola, recuperando-a com a mão oposta. Repetir o movimento algumas vezes, inclusive, iniciando com a mão dominante.

## 1.3 bolas

Iniciar com duas bolas na mão dominante e uma na mão não dominante. Sempre começar com a mão que está com as duas bolas. Lance uma das bolas para a outra mão, assim que a primeira bola estiver no alto, lançar a bola que estiver na outra mão. Enquanto esta estiver no alto, lançar a terceira bola da mão dominante para a não dominante. E assim por diante.

# 2 Malabares com aro

## 2.1 Um aro

Iniciar com o aro na mão dominante. Lançá-lo para o alto e recuperá-lo com a mesma mão. Repetir o movimento com a outra mão.

## 2.2 Dois aros

2.2.1 Iniciar com um aro em cada mão. Lançar e recuperar, uma mão de cada vez, recuperando-o com a mesma mão. Repetir o movimento algumas vezes, inclusive, iniciando-o com a mão não dominante.

2.2.2 Iniciar com um aro em cada mão. Lançar e recuperar, uma mão de cada vez, fazendo um movimento de parábola, recupe-rando-o com a mão oposta. Repetir o movimento algumas vezes, inclusive, iniciando com a mão não dominante.

## 2.3 Três aros

Iniciar com dois aros na mão dominante e um na mão não dominante. Sempre começar com a mão que está com os dois aros. Lance um dos aros para a outra mão, assim que o primeiro aro estiver no alto, lançar o aro que estiver na outra mão. Enquanto este estiver no alto, lançar o terceiro aro da mão dominante para a não dominante. E assim por diante.

# 3 Malabares com clave

## 3.1 Uma clave

3.1.1 Iniciar com a clave  na mão dominante, palma voltada para cima, Lançá-la para o alto, deixar com que a clave dê um giro completo de 360° e recuperá-la com a mesma mão. Repetir o movimento com a outra mão.

3.1.2 Iniciar com a clave na mão dominante. Lançá-la para o alto, fazendo um movimento de parábola, recuperá-la com a mão não dominante. Repetir o movimento algumas vezes, inclusive iniciando com a mão não dominante.

## 3.2 Duas claves

Iniciar com uma clave em cada mão. Lançar e recuperar, uma mão de cada vez, fazendo um movimento de parábola, recuperando-a com a mão oposta. Repetir o movimento algumas vezes, inclusive iniciando-o com a mão não dominante.

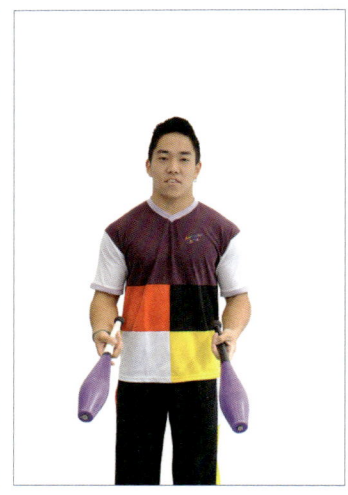

## 3.3 Três claves

Iniciar com duas claves na mão dominante e uma na mão não dominante. Sempre começar com a mão que está com as duas claves. Lance uma das claves para a outra mão, assim que a primeira clave estiver no alto, lançar a clave que estiver na outra mão. Enquanto esta estiver no alto, lançar a terceira clave da mão dominante para a não dominante. E assim por diante.

# 4 Malabares com prato

## 4.1 Equilíbrio com giro

Pau e pratos na posição vertical, encaixar o pau em uma das extremidades do prato. Iniciar o giro, até que o prato fique na posição horizontal, direcionar o pau para o centro do prato. Manter o giro.

## 4.2 Lançamento e recuperação

Ainda girando, lançar o prato para o alto e recuperá-lo no centro.

# 5 Malabares com laço

## 5.1 Giro laço pequeno

Segurar na ponteira do laço, posicioná-lo a frente do corpo e iniciar o giro, sempre lembrando de usar o punho e não o braço para executar o movimento. Segurar na ponteira do laço, juntamente de uma das extremidades, com a mão dominante. Estendê-lo com as três ponteiras do lado dominante, voltadas para baixo. iniciar o giro ao redor do corpo (usando punho) e, simultaneamente, soltar a extremidade, segurando apenas na ponteira.

## 5.2 Giro com laço grande

Segurar na extremidade do laco, posicioná-lo a frente to corpo e iniciar o giro.

# 6 Swing flag

## 6.1 Giro na frente do corpo

Segurar o aparelho com a mão dominante e girá-lo, paralelamente, frente ao corpo.
Fazer o mesmo movimento com a outra mão.

## 6.2 Giro lateral

Segurar o aparelho com a mão dominante e girá-lo, paralelamente, ao lado do corpo.
Fazer o mesmo movimento com a outra mão.

## 6.3 Oito simples

Segurar o aparelho com a mão dominante e girá-lo de um lado para o outro do corpo. Fazer o mesmo movimento com a outra mão.

## 6.4 Oito frente-trás

Segurar o aparelho com a mão dominante e girá-lo de frente para trás do corpo. Fazer o mesmo movimento com a outra mão.

## 6.5 Oito alto-baixo

Segurar o aparelho com a mão dominante e girá-lo de frente para trás do corpo. Fazer o mesmo movimento com a outra mão.

# 7 Swing poi

## 7.1 Oito lateral

Segurar um aparelho em cada mão e girá-los, simultaneamente, de um lado para o outro do corpo.

## 7.2 Oito lateral com uma mão

Segurar um aparelho em cada mão e girá-los, simultaneamente de baixo para cima do corpo.

## 7.3 Oito alto-baixo

Segurar o aparelho com a mão dominante e girá-lo  de um lado para o outro do corpo. Fazer o mesmo movimento com a outra mão.

# ★ 6 ★

# ORGANIZAÇÃO DE APRESENTAÇÕES, FESTIVAIS OU *SHOWS* DE VARIEDADES CIRCENSES

Assim como todas as outras etapas do percurso trilhado pelo aluno, o espetáculo de final de ano é parte fundamental do processo de crescimento, não devendo ser visto de maneira isolada, mas, sim, como o produto final resultante do processo de desenvolvimento de todo um conteúdo.

A ideia é que a apresentação dê margem a discussões capazes de trazer aos alunos uma reflexão sobre o significado do *show*, bem como uma melhor compreensão da linguagem circense, de sua relação com a plateia e a importância da noção de cooperação para a qualidade de um espetáculo.

É um momento em que a criança e o adolescente têm a possibilidade de expressar o que foi previamente assimilado e escolhido pelo grupo. Esta possibilidade de pôr em prática esses conhecimentos, potencializa algo que se revela cada vez mais importante para qualquer ser humano em formação, isto é, a crença em sua própria capacidade, podendo compartilhar suas conquistas com plateias até mais importantes que a do dia da apresentação: pais, irmãos amigos e todas as pessoas mais queridas de sua vida.

Esta é mais uma forma de valorizarmos a prática de atividades físicas e culturais durante a infância, imprescindíveis para o desenvolvimento motor, sócio-afetivo e cognitivo das crianças.

Os praticantes da atividade circense, nesse momento, empenham-se em sua especialidade e então a diversidade e a criatividade se transformam em um grande espetáculo, criado de uma lição que ccmeça cedo e transcende o palco, como noções de trabalho coletivo, e de imaginação, por exemplo.

# MODELO DE PLANEJAMENTO

## 1 Planejamento

O ato de planejar faz parte da história do ser humano, pois o desejo de transformar sonhos em realidade objetiva é uma preocupação marcante de toda pessoa, desde que o mundo é mundo. Em nosso dia a dia, sempre estamos enfrentando situações que necessitam de planejamento, mas nem sempre as nossas atividades diárias são delineadas em etapas concretas da ação, uma vez que já pertencem ao contexto de nossa rotina. Entretanto, para a realização de atividades que não estão inseridas em nosso cotidiano, usamos os processos racionais para alcançar o que desejamos.

As ideias que envolvem o planejamento são amplamente discutidas nos dias atuais, mas um dos complicadores para o exercício da prática de planejar parece ser a compreensão e o uso adequado de conceitos.

Quadro 7.1 – Modelo de planejamento de aulas

| Objetivos | Conteúdos | Proposta de atividades | Formas de avaliação |
|---|---|---|---|
| Fornecer uma diversidade de experiências motoras, cognitivas e afetivas, possibilitando o domínio do corpo em situações inabituais em diferentes alturas, velocidades e deslocamentos com maior amplitude e dinâmica. Estimular a liberação da imaginação. Proporcionar contato com as atividades circenses enquanto expressão artística e conteúdo histórico-cultural. Valorizar a comunicação não verbal e a expressão por diálogos corporais. Desenvolver a capacidade de apreciação e execução da atividade artística de forma crítica. Preservar o patrimônio histórico cultural por meio do universo circense. | *Modalidade aérea*: considera-se uma modalidade aérea qualquer prática circense em que o praticante utiliza aparelhos específicos suspensos (por corda, cabo de aço, roldana fixa, faixas, entre outros), de modo que seus truques, figuras, quedas, movimentos em geral, aconteçam sem contato direto ou duradouro com o solo. As ações realizadas variarão de acordo com o formato e as possibilidades de cada aparelho da modalidade aérea. Os aparelhos que serão trabalhados nessa modalidade são: tecido, lira, trapézio, corda indiana, corda marinha, elástico. *Modalidade acrobática*: as acrobacias são combinações de saltos, rotações (giros) e momentos de equilíbrio (estático e dinâmico). Para executar movimentos no solo, o aluno desenvolverá um controle absoluto sobre o corpo, além da capacidade de se manter imóvel sobre o ponto de apoio. Deverão aprender a dosar o impulso para atingir o lugar que lhes é determinado. | Abordar técnicas circenses, seu histórico e aparelhos, por meio de atividades lúdicas e atividades técnicas, da liberdade e da estimulação criativa e espontânea. Apresentar um grande número de aparelhos/materiais para atender a diferentes objetivos; personalidades e biótipos, possibilitando a ampliação da consciência corporal. Vivenciar diferentes habilidades motoras como força, resistência muscular, agilidade, ritmo, flexibilidade, equilíbrio e domínio corporal pelos movimentos acrobáticos realizados nos aparelhos/materiais específicos do circo. Organizar o espaço das aulas dividido em estações de técnicas circenses com tempo determinado em cada estação, para que o aluno possa ter a vivência física e psicológica, específica de cada exercício ou aparelho. Desenvolver preparação corporal e condicionamento físico aliados à técnica circense, utilizando jogos de improvisação e expressão corporal. | Características do processo avaliativo das aulas de circo: Funcional: em razão dos objetivos pré-determinados. Sistemática: nossa avaliação é planejada. Contínua: acompanha o processo do início ao fim. Integral: consideramos todos os aspectos dos nossos alunos (cognitivo, motor, afetivo). Os tipos de avaliação utilizados são a *formativa*, ocorrendo durante todo o processo, etapa por etapa, fornecendo *feedback* e motivação e a *diagnóstica*, verificando as dificuldades dos alunos e identificando as possíveis causas. Utilizamos as técnicas avaliativas da *observação* e a *inquirição*: perguntando e interrogando para conseguir informações sobre as habilidades cognitivas, afetivas e motoras de nossos alunos. Os instrumentos utilizados são: ficha de controle, ficha de checagem e questionário. |

Continua

Continuação

| Objetivos | Conteúdos | Proposta de atividades | Formas de avaliação |
|---|---|---|---|
| Contemplar a proposta dos Parâmetros Curriculares Nacionais da Educação Física, que procura democratizar, humanizar e diversificar a prática pedagógica da Educação Física, buscando ampliar, de uma visão apenas biológica, para um trabalho que incorpore a dimensão cultural.<br><br>Propiciar realizações corporais amplas já que as possibilidades dos circenses encontram-se no corpo e a sua corporeidade encontra-se viva e criativa. Para os circenses, o corpo não é o limite das potencialidades humanas, mas, pelo contrário, é o seu ponto de partida.<br><br>Possibilitar um olhar para o corpo como passagem e não como limite, pois neste universo o corpo é protagonista, com todas as suas diversidades e virtudes.<br><br>Conviver com o universo da arte circense para conhecer o fazer artístico, como experiência poética, como desenvolvimento das potencialidades, como experiência de interação, como forma, como produção cultural.<br><br>Promover situações que favoreçam os alunos reconhecerem a diversidade, respeitando sem qualquer discriminação as modalidades circenses e, sobretudo, seus participantes. | Flexibilidade dos músculos e força física são atributos que serão exigidos nessa modalidade e prosseguirão até que o esforço desapareça de suas apresentações, dando lugar à graciosidade e precisão.<br>As práticas desenvolvidas nesta modalidade serão: acrobacias de solo, pirâmides, minitrampolim, trampolim acrobático (cama elástica) e mesa de dandes.<br><br>*Modalidade de destrezas* (equilíbrio e manipulação): além de desenvolver o equilíbrio, a agilidade e o controle motor, e estimular positivamente a cinestesia (propriocepção) do praticante, a atividade regular desta modalidade pode ser uma importante ferramenta para alcançar outros objetivos pedagógicos, como o desenvolvimento de algumas qualidades físicas (força, resistência, flexibilidade), habilidades motoras (coordenação, ritmo), afetivas (autoestima, capacidade de superação, confiança).<br><br>Em razão da dificuldade inicial de seu domínio, é exigido de seu praticante principiante muita dedicação, força de vontade, paciência e sobretudo persistência.<br><br>Os aparelhos mais conhecidos desta modalidade são: pernas-de-pau, bola de equilíbrio, arame, monociclo e malabares (clave, bola, aro, laço, prato). | *Modelos de atividades propostas:*<br><br>• Circuito acrobático<br>a) mesa de dandes → tecido ou corda à colchão;<br>b) *mini tramp* → colchão;<br>c) rolo acrobático;<br>d) plinto colchão.<br><br>• Descrição: os alunos deverão balançar para cair em pé no colchão. As passadas deverão ter diversos saltos. Exemplo: estendido, grupado, afastado. Os alunos poderão fazer carrinho de mão, cambalhota, reversão para frente e para trás e no item "d", os alunos deverão fazer reversão para trás.<br>Tempo: 20 minutos.<br><br>• Aéreos<br>Descrição: os alunos deverão ir para o aéreo de sua preferência e seguir o comando do professor que estiver coordenando o aparelho.<br>Tempo: 25 minutos.<br><br>• Exercícios de força<br>Desenvolvimento:<br>levar o colega de carrinho de mão;<br>Levar o colega de caranguejo;<br>Levar o colega de cavalinho;<br>Levar o colega no colo;<br>Segurar na cintura do colega, que deverá correr, e o outro tentará impedir.<br>Tempo: 25 minutos. | |

# MODELO DE AULAS PARA CRIANÇAS

## Modelo de aula I

### 1.1 Parte inicial

Aquecimento: brincadeira *sol e lua*.

Descrição: a turma é dividida em dois grupos, a critério do professor ou por eles mesmos. Sentam-se em duas fileiras, uma ao lado da outra. Uma é nomeada *sol* e a outra *lua*.

Desenvolvimento: ao comando do professor, que será o nome de um dos dois grupos, o que for chamado deverá fugir e o outro grupo tentará pegar (exemplo: "Se *sol* for chamado, estes deverão fugir e o grupo *lua* deverá pegá-los"). Quem for pego, mudará de equipe. Ao final, a equipe com maior número de pessoas vencerá.

Variações: para dificultar a saída e caracterizar ainda mais essa atividade como aquecimento, o professor poderá pedir que os alunos fiquem em outras posições, diferente de apenas sentados. Exemplo: podem ficar em decúbito dorsal ou ventral e só levantar quando o professor der o comando.

Tempo: aproximadamente 10 minutos.

## 1.2 Parte principal

- Circuito acrobático
  a. mesa de dandes → tecido ou corda → colchão;
  b. *mini tramp* → colchão;
  c. rolo acrobático;
  d. plinto colchão;

Descrição:
  a. os alunos deverão balançar para cair em pé no colchão;
  b. as passadas deverão ter diversos saltos (exemplo: estendido, grupado, afastado);
  c. os alunos poderão fazer carrinho de mão, cambalhota, reversão a frente e para trás e em d) os alunos deverão fazer reversão para trás.

Tempo: 20 minutos.

- Aéreos

Descrição: os alunos deverão ir para o aéreo de sua preferência e seguir o comando do professor que estiver coordenando o aparelho.

Tempo: 25 minutos.

## 1.3 Parte final

Volta à calma: alongamento.

Tempo: 5 minutos.

# Modelo de aula II

## 2.1 Parte inicial

Aquecimento: brincadeira *rabinho do macaco*.

Descrição: cada aluno receberá um rabinho (pode ser um pedaço de pano, uma fita, um pompom ou o material que estiver disponível).

Desenvolvimento: o objetivo é roubar o rabinho dos outros e não deixar que roubem o seu. Ao final, o último que ainda tiver com o rabinho é o vencedor. Ao longo da atividade, quem for perdendo o rabinho, vai saindo da brincadeira.

Tempo: aproximadamente 10 minutos.

## 2.2 Parte principal

- Exercícios de força

Estudos recentes comprovam que quando bem orientada, os exercício de força em crianças podem trazer uma série de benefícios desde equilíbrio muscular, coordenação motora até mesmo maior crescimento. Além disso, não há nada que comprove que este tipo de treinamento interfira negativamente sobre o crescimento ou provoque lesões nas cartilagens articulares. Porém para que haja êxito no quesito motivação, as atividades deverão ser de caráter lúdico e usando como carga o próprio corpo ou outro colega.

Descrição: os exercícios deverão ser feitos em duplas. Alunos posicionados no fundo da sala deverão ir até o outro lado e voltar.

Desenvolvimento:

a.   levar o colega de carrinho de mão;

b.   levar o colega de caranguejo;

c.   levar o colega de cavalinho;

d.   levar o colega no colo;

e.   segurar na cintura do colega, que deverá correr e o outro tenta impedir.

Tempo: 25 minutos.

- Aéreos e acrobacias no trampolim acrobático

Descrição: os alunos deverão ir para o aéreo de sua preferência ou para o trampolim acrobático e seguir o comando do professor que estiver coordenando o aparelho.

Tempo: 20 minutos.

## 2.3 Parte final

Volta à calma: alongamento.

Tempo: 5 minutos.

# 3 Modelo de aula III

## 3.1 Parte inicial

Aquecimento: brincadeira *pega-pega espelho*.

Descrição: um aluno é nomeado o pegador, que deverá pegar os demais.

Desenvolvimento: quando alguém é pego, este deverá se manter imóvel em uma pose diferente ou careta. Para que este seja salvo, algum colega deverá ficar de frente para ele, imitando sua pose ou careta.

Tempo: aproximadamente 10 minutos.

## 3.2 Parte principal

Circuito acrobático

    a.   plinto → corda indiana → colchão;

    b.   cama elástica;

    c.   plinto;

    d.   mesa de dandes → *mini tramp* → colchão.

Desenvolvimento: em a), os alunos deverão balançar para cai em pé no colchão. Em b), farão saltos variados (grupado, afastado, senta-levanta, mortal). Em c), os alunos deverão executar uma parada de cabeça. Em d), farão os saltos que forem executados na cama elástica.

Tempo: 25 minutos.

- Aéreos e acrobacias no trampolim acrobático

Descrição: os alunos deverão ir para o aéreo de sua preferência ou para o trampolim acrobático e seguir o comando do professor que estiver coordenando o aparelho.

Tempo: 20 minutos.

## 3.3 Parte final

Volta à calma: alongamento.

Tempo: 5 minutos.

# Modelo de aula IV

## 4.1 Parte inicial

Aquecimento: brincadeira *galinha e pintinhos*.

Descrição: os alunos serão divididos em dois grupos, a critério do professor. Ficarão em duas filas, uma de frente para a outra. Todos segurarão na cintura do colega da frente. Os primeiros das duas filas serão as galinhas, os demais, os pintinhos. O último de cada fila será o pintinho mais fraquinho de todos.

Desenvolvimento: ao sinal do professor, a galinha de uma fila tentará pegar o último pintinho da outra fila. Quando alguém conseguir, trocam-se os papéis da fila que conseguiu.

Tempo: aproximadamente 15 minutos.

## 4.2 Parte principal

- Malabares

Descrição: os alunos serão divididos em duas filas.

Desenvolvimento:

a. Bastão: os alunos deverão equilibrá-lo na palma da mão e andar até um ponto pré-determinado pelo professor e voltar, para entregar para o próximo da fila.

b. Laço: girar o laço, andando até o final e voltar.

c. Clave: apenas uma clave no início. Jogar, recuperar.

d. Aros: trocar com o amigo da fila ao lado.

Atenção: os alunos estarão separados em duas filas, para que o tempo seja melhor utilizado e não para que haja qualquer tipo de competição entre eles. Deverá ser enfatizada a valorização dos que fizerem com qualidade a execução dos movimentos, e não com rapidez.

Após a aprendizagem de todos os aparelhos, os alunos poderão ficar livres para experimentar outros ou se aprimorar no qual se identificar mais.

Tempo: 35 minutos.

## 4.3 Parte final

Volta à calma: alongamento.

Tempo: 10 minutos.

# 5 Modelo de aula V

## 5.1 Parte inicial

Aquecimento: brincadeira *gato e rato*.

Descrição: os alunos ficarão dispostos pela sala/quadra, espalhados com as pernas estendidas e unidas. Dois serão nomeados *gato* e *rato*.

Desenvolvimento: o *gato* persegue o *rato* para tentar pegá-lo. Se este for pego, os papéis de invertem. Para que não seja pego, o rato deverá pular por cima de um dos colegas e senta ao lado deste, que assumirá o papel de gato.

Tempo: 10 minutos.

## 5.2 Parte principal

- Circuito acrobático
    a.  "ponte" (2 planos elevados, ligados por um pedaço de madeira de 20 cm x 3 m, por exemplo, ou banco sueco ao contrário);
    b.  rolo acrobático;
    c.  rampa com colchão;
    d.  colchão encostado na parede para escalada.

Desenvolvimento: em a), os alunos deverão andar, com variações (frente, costas, engatinhando, com equilíbrios no meio). Em b), farão cambalhotas, reversões. Em c), poderão executar rolamentos, estrela. Em d), deverão escalar o colchão.

Tempo: 20 minutos.

■    Aéreos e acrobacias no trampolim acrobático

Descrição: os alunos deverão ir para o aéreo de sua preferência ou para o trampolim acrobático e seguir o comando do professor que estiver coordenando o aparelho.

Tempo: 20 minutos.

## 5.3 Parte final

Volta à calma: alongamento.

Tempo: 5 minutos.

# ★ 9 ★

# MODELO DE AULAS
# PARA ADULTOS

## 1 Modelo de Aula I

Alongamento: 5 minutos

Circuito de preparo físico (1 minuto em cada estação): 25 minutos.

1 – Tecido: subir e descer.

2 – Colchão: saltar, grupado.

3 – Trapézio: abdominal (elevação das pernas, grupadas).

4 – Trapézio: flexão de braços.

5 – Agachamento.

6 – Abdominal.

7 – Tríceps banco.

8 – Parede: agachamento isonetria.

9 – Abdominal lateral.

10 – Flexão de braços no colchão.

11 – Cama elástica: pular.

12 – Dorsal.


Circuito acrobático: 20 minutos


*Mini tramp*: salto estendido, grupado, afastado, carpado, leão mortal, reversão, *flick* .

Esteira de colchões: rolamento a frente, costas, parada, rodante, reversão .


Cama elástica, perna-de-pau, malabares, aéreos – 35 minutos.

Alongamento: 5 minutos.

# 2 Modelo de aula II

Alongamento: 5 minutos.

Corda: 15 minutos.

- Passar por baixo.

- Passar por cima.

- Entrar, pular uma vez e sair (neste exercício, a corda não pode ficqar vazia nunca, para que isso aconteça, o aluno deverá pular, sair e logo correr para a fila para entrar novamente; se a corda ficar sem ninguém, todos devem fazer 10 abdominais).

- Pular duas cordas.

- Pular duas cordas com apenas um pé.

Circuito Acrobático: 25 minutos

*Mini tramp* executar diferentes saltos como:

- Grupado.

- Afastado.

- Carpado.

- Parafuso.

- Leão.

- Mortal.

Esteira de colchões:

- Rolar.

- Cambalhota de frente.

- Cambalhota costas.

- Estrela.

- Parada de mão.

- Reversão.

Colchão na parede:

- Parada de mãos com rolamento.

Dois bancos suecos:

- Elefante.

- Caranguejo.

- Elefante de lado.

- Caranguejo de lado.

- Decúbito ventral em um dos bancos, rastejar.

- Decúbito dorsal em um dos bancos, rastejar.

Cama elástica: 20 minutos.

Perna-de-pau, malabares, aéreos: 15 minutos.

Alongamento: 5 minutos.

# 3 Modelo de aula III

Alongamento: 5 minutos.

Exercícios de força em duplas: 25 min

- Carrinho de mão.

- Caranguejo.

- Carregar o colega nas costas.

- Carregar o colega no colo.

- Segurar na cintura enquanto o colega tenta correr até o outro lado.

- "Cadeirinha".

Acrobacias de solo: 25 minutos.

- Rolamentos, paradas, estrelas, reversões, acrobacias em duplas etc.

Cama eslástica, perna-de-pau, malabares, aéreos etc. : 30 minutos.

Alongamento: 5 minutos.

# 4 Modelo de aulas IV

Alongamento: 5 minutos.

Brincadeira: queimada – 5 minutos.

Descrição: os alunos deverão tentar queimar uns aos outro. Quem estiver queimado, senta e só poderá levantar quando queimarem a pessoa que o queimou.

Acrobalance: 25 minutos.

Circuito acrobático: 20 minutos.

Alongamento: 5 minutos.

1 – Plinto e *mini tramp*:

- Grupado.
- Afastado.
- Carpado.
- Paralelo.
- Leão.
- Mortal.
- *Flicks* e reversões.

2 – Equilíbrio:

- Frente.
- Costas.
- Costas com bandeira.
- Rastejando.
- Elefante.
- Frente com avisão.

3 – Cama eslática

- Grupado.

- Afastado.

- Carpado.

- Parafuso.

- Mortal.

- *Flicks* e reversões.


Cama com lonja e aéreos: 20 minutos.

Alongamento: 5 minutos.

# 5 Modelo de aula V

Alongamento: 5 minutos.

Circuito de praparo físico: 15 minutos.

1.  Pular no colchão de 60 cm.

2.  Tecido: sustentação com braços flexionados.

3.  Abdominal "canivete" unilateral.

4.  Sustentação carpado.

5.  Flexão: extensão pés no caixote.

6.  Flexão de braços.

7.  Dorsal.

Pirâmides 30 minutos.

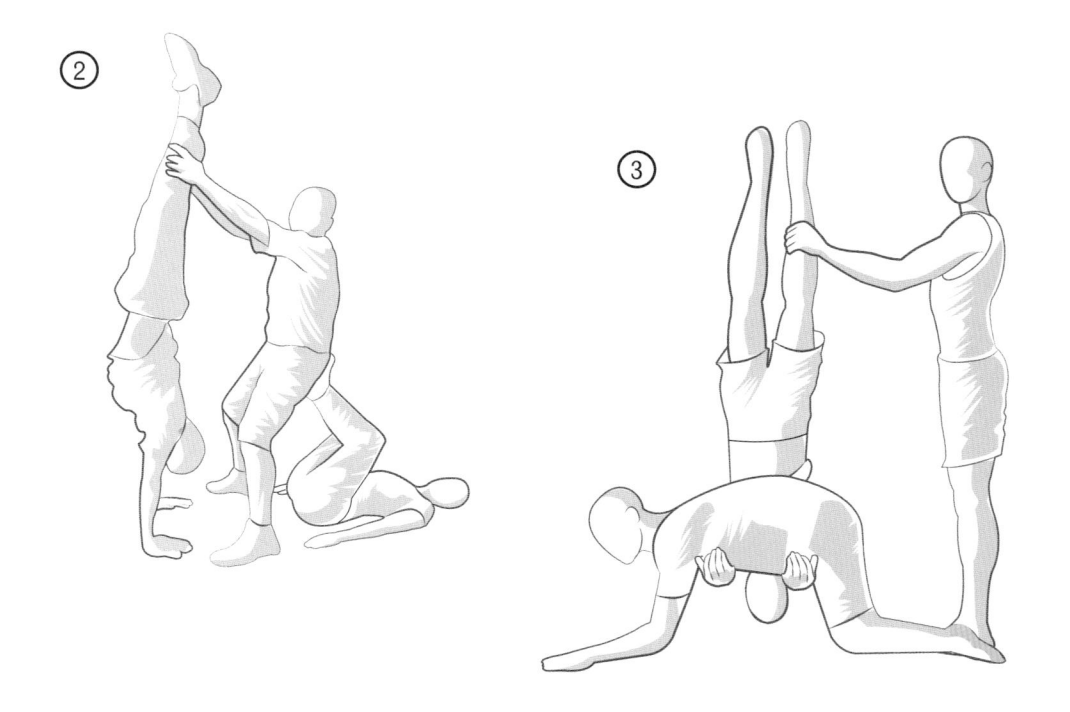

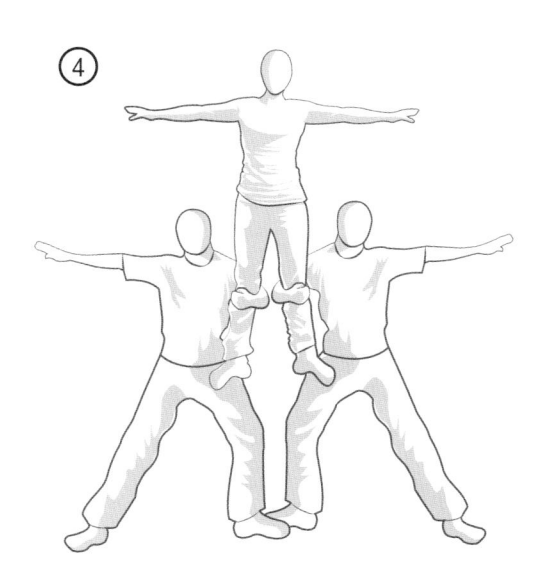

Cama elástica: 20 minutos.

Malabares: 15 minutos.

- Bolas, claves, laços, aros etc.

Alongamento: 5 minutos.

# ★ 10 ★
# AS ATIVIDADES CIRCENSES E SUAS CONTRIBUIÇÕES NOS DOMÍNIOS COGNITIVO, MOTOR, AFETIVO E SOCIAL

## 1 Domínio cognitivo (mental)

Entender, tomar consciência, conhecer-se, saber reconhecer as exigências de situações diversificadas proporciona o senso de orientação do corpo no espaço em diferentes posicionamentos, levando o aluno a desenvolver seu potencial quanto a:

- atenção.

- planificação.

- concentração.

- raciocínio.

- imaginação.

- memorização.

- percepção.

Resultando em consciência corporal:

- adaptação em diferentes espaços – horizontal, vertical e planos alto, baixo e inclinado;

- busca do equilíbrio em situações inabituais (suspensões, apoios, posições invertidas, rotações)·

- coordenação motora (solicitação simultânea do trabalho de membros superiores e inferiores);

- trabalho na orientação da postura e correções.

# 2 Domínio motor (executar as ações propostas)

O controle e a coordenação em diversas posições visam a proporcionar o senso de orientação espacial em diferentes posicionamentos:

- tônus muscular e postura.

- melhoria das capacidades físicas (flexibilidade muscular, mobilidade articular, força estática, dinâmica, explosiva e potência).

# 3 Domínio afetivo (controle das emoções)

A adaptação ao não familiar, como as posições invertidas, rotações, apoios e suspensões, a vontade de ser bem-sucedido e enfrentar desafios que a mobilidade sugere propicia o desenvolvimento da:

- coragem e ousadia.
- determinação.
- autodomínio, autoconfiança.
- espírito de luta, perseverança.

# 4 Plano social (relação aluno x aluno x professor)

As participações nas atividades que envolvem a divisão de tarefas e o relacionamento possibilitam a sociabilização, levando o praticante a manifestar:

- responsabilidade.
- iniciativa.
- disciplina.
- respeito.
- cooperação.
- auxílio mútuo.
- espírito crítico.

## 4.1 Era uma vez

Antônio Bivar

"Era uma vez, mas eu me lembro como se fosse agora, eu queria ser trapezista. Minha paixão era o trapézio, me atirar lá do alto na certeza de que alguém segura minhas mãos, não me deixando cair. Era lindo mas eu morria de medo. Tinha medo de tudo quase, cinema, parque de diversão, de circo, ciganos, aquela gente encantada que chegava a seguia. Era disso que eu tinha medo, do que não ficava para sempre. Era outra vez, outro circo, ciganos e patinadores. O circo chegou à cidade era uma tarde de sonhos e eu corri até lá. Os artistas, eles se preparavam nos bastidores para começar o espetáculo, e eu entrei no meio deles e falei que eu queria ser trapezista. Veio falar comigo uma moça do circo que era a domadora, era uma moça bonita, forte, era uma moçona mesmo. Ela me olhou, riu um pouco, disse que era muito difícil, mas que nada era impossível. Depois veio o palhaço Poli, veio o Topz, veio o Diverlangue que parecia um príncipe, o dono do circo, as crianças, o público. De repente apareceu uma luz lá no alto e todo mundo ficou olhando. A lona do circo tinha sumido e o que eu via era a estrela-d´alva no céu aberto. Quando eu cansei de ficar olhando para o alto e fui olhar para as pessoas, só aí eu vi que eu estava sozinho".

 Mode o circo assisti

Percisava me vesti

Que ficasse bem na linha,

Percisava aparece

Bem decente, pra fazê

A vontade de Tudinha.

[...]

Fui pro circo, passo a passo,

Não mode vê o paiaço

Com sua cara tingida.

Nem artista de trapé,

Era pra vê a muié

Que eu mais amei nesta vida.

Mas a pessoa tramista,

Quando se afasta da pista

Bem desconfiada fica;

A Tudinha tava assim,

Sem querê sabê de mim,

Seu negóço era o Futrica.

[...]

Durante a minha isistença

Toda cheia de incremença,

De todos os meu fracasso,

A coisa mais isquisita

Foi uma moça bonita

Me dexá por um paiaço.

(Trecho do poema *Tudinha*, de Patativa do Assaré)

# GLOSSÁRIO: PALAVRAS DO MUNDO CIRCENSE

**ACROBACIA:** apresentação de saltos realizada pelo acrobata. Ele executa demonstrações de ginástica, exercícios de contorcionismo, força e equilíbrio, saltos e cambalhotas. Para esse número, usam-se barras, trampolim, aparelhos, animais e bicicletas, entre outros recursos. O acrobata pode atuar sozinho ou em conjunto com outros, no ar ou em terra.

**ADEREÇOS:** objetos de uso do artista em cena, como sapatos, cadeiras, bengalas, plumas e capas.

**APARADOR:** trapezista que, preso pelas pernas, de ponta-cabeça, segura o trapezista que salta ao seu encontro, o volante.

**APOTEOSE:** final triunfal de uma peça melodramática.

**APRESENTADOR:** homem que abre o espetáculo e apresenta as atrações.

**ARAMISTA:** pessoa que se apresenta caminhando no arame, que é de cabo de aço montado de lado a lado do picadeiro. Além de andar no arame, usa bicicleta ou monociclo e executa saltos mortais. Também há animais adestrados, como o urso, que se equilibram no arame.

**ARQUIBANCADA:** no circo, a arquibancada é de tábuas, que são dispostas em diferentes níveis de altura, possibilitando melhor visão do espetáculo ao público. É o setor mais barato e com mais lugares.

**ARTE EQUESTRE:** arte dos cavalos ensinados e de seis cavaleiros, amazonas e adestradores.

**BANQUILHA:** mesa ou plataforma que o artista utiliza tanto para subir como para descer do trapézio.

**BARRA:** aparelho de ginástica fixo, montado sobre dois apoios verticais. Pode ser, também, uma tábua segura por dois artistas enquanto um volante se apresenta, saltando, sobre ela.

**BÁSCULA:** espécie de gangorra na qual se dividem os artistas, esperando os parceiros para o salto.

**BATUTA:** espécie de trampolim móvel no qual o artista toma impulso para a execução de saltos ornamentais.

**CAMA ELÁSTICA:** aparelho de metal onde é presa uma rede de borracha especial. Usada pelos artistas para saltos.

**CAMARADA:** pessoa que ajuda a armar o circo e a cuidar da sua manutenção, limpando-o e ajustando os acessórios das instalações. Realiza outras tarefas, tudo sob orientação do capataz.

**CAMAROTE:** grupo de quatro cadeiras, geralmente reservado às autoridades ou às pessoas dispostas a pagar mais caro para ficar mais perto do picadeiro.

**CAMARIM:** lugar onde ficam os artistas antes de se apresentarem, fazendo maquiagem e se vestindo.

**CAMBALHOTA (CAMBOTINHA, CAMBOTA):** o primeiro movimento do acrobata aprendiz: uma volta completa sobre o próprio corpo, colocando-se a cabeça e as mãos no chão e rolando para trás ou para frente.

**CHARANGA:** banda de música que acompanha o circo. Formada pelos instrumentos: trombone, clarineta, tuba, caixa de repique e sanfona. Os dois ritmos básicos tocados são a *ouverture*, na entrada, e o galope, ao final dos números, mais forte e rápido.

**CHULA DE PALHAÇO:** canção em forma de pergunta e resposta que os palhaços cantam, acompanhados pelas crianças.

**CICLISTA:** apresenta números diversos montado geralmente, em um monociclo.

**CIRCENSE:** pessoa que trabalha e vive no circo.

Circo-teatro: tipo de circo brasileiro do período (1918-1945) em que peças melodramáticas eram encenadas.

Circo de variedades: é o circo tradicional, com todos os números, os animais e todas as atrações circenses.

Claque: tapa de mentirinha que o palhaço dá e recebe durante as palhaçadas.

Contorcionismo: número de origem indiana, composto de exercícios de elasticidade do corpo. O candidato a contorcionista deve começar a praticar desde cedo.

Corda indiana: corda dependurada à altura da lona em que o artista se equilibra e salta.

Coxim: aparelho triangular em que o artista se deita, levantando a parte inferior do corpo. É usado em números com icaristas.

Dandes: mesa de madeira lisa, usada em demonstrações de saltos.

Engolidor de fogo: pessoa que pratica a pirofagia. O engolidor de fogo usa uma tocha na mão e um pouco de querosene na boca, acendendo e apagando as chamas sucessivamente.

Estaca: peça de madeira e ferro usada para prender a lona ao chão.

Facas: número em que uma pessoa fica amarrada a uma tábua enquanto outra arremessa facas a seu redor.

Globo da morte: globo feito de grade de metal, com aproximadamente 4 metros de diâmetro. Dentro dele, acontece o número com uma, duas ou três motocicletas, que o percorrem por dentro, desafiando a lei da gravidade. Em uma versão arriscada, um palhaço anda no meio do globo enquanto as motos giram em torno dele.

Homem do globo da morte: pessoa que faz acrobacias pilotando uma moto dentro de um globo metálico executando voltas de 360 graus. Apresenta-se só, em duplas ou trios.

Icarista (icário, antípoda): pessoa que equilibra objetos ou pessoas sobre os pés, mantendo-os parados ou em rotação.

Ilusionismo: arte de iludir para maravilhar, causar espanto, fazendo aparecer ou desaparecer objetos no ar, de uma caixa ou cartola. Há infinitas variações de números, dependendo não só da criatividade do ilusionista, mas ainda da quantidade e qualidade de recursos de que dispõe.

Mambembe: um grupo de teatro mambembe é aquele que vagueia mundo afora, levando suas peças e lugares distantes.

MASTRO: poste que sustenta todos os aparelhos aéreos, lona e serpentinas.

MÁGICO (ILUSIONISTA): pessoa que faz deslocar ou desaparecer objetos ou animais como coelhos e pombas. Executa vários tipos de ilusionismos e diversos truques, como serrar ou enfiar espadas em uma caixa onde há uma mulher. Faz jogos de mágica usando aparelhos ou movimentos rápidos com as mãos, como o carteado.

MALABARES: peças semelhantes a garrafas compridas que o malabarista joga para o ar.

MALABARISTA: pessoa que joga malabares ou outros objetos para o ar sem deixá-los cair. Pode ter um auxiliar.

MAROMBA: vara comprida que o equilibrista usa para se equilibrar em cima da corda bamba.

MELODRAMA: peça de teatro de forte teor sentimental, cuja finalidade principal é fazer o público chorar e se emocionar com as peripécias e o destino dos personagens.

MÍMICA: arte de comunicar-se usando gestos e expressões faciais.

MOITÕES: roldanas de ferro com ganchos para sustentar as cordas.

MONOCICLO: aparelho composto de uma roda e um selim, pedalado pelo ciclista.

NÚMERO: cada uma das diversas apresentações do circo.

PALHAÇO (CLOWN, PALHAÇO RICO): a palavra palhaço vem de palha: os primeiros palhaços italianos se vestiam de espantalhos, e a palha dentro da roupa amortecia as quedas constantes. O palhaço, um dos personagens principais do circo, basicamente, é todo artista circense que pinta o rosto. O palhaço tradicional usa vestimenta de lantejoulas e é acompanhado de um parceiro, o cômico de dupla, ao qual sempre ludibria em cena. Pode usar também roupas largas e coloridas, sapatos grandes, careca com algum cabelo lateral de pano, grandes sobrancelhas pretas, boca vermelha e pintada, além do rosto em cores vivas. O bom palhaço é um artista completo, sabe outras artes circenses, toca instrumentos e canta.

PANTOMINA: representação de personagens de uma história dramática por meio de gestos, atitudes, movimentos e expressões de rosto e de corpo, sem utilizar palavras.

PARADA DE MÃO OU DE CABEÇA: número em que o artista fica de cabeça para baixo, apoiando-se com as mãos e com a cabeça.

PARTNER: moça bonita que acompanha o mágico na exibição de seus números, com movimentos coreográficos nos intervalos dos truques.

PÊNDULO: aparelho metálico suspenso que gira sobre um eixo, equilibrando-se e oscilando com as evoluções do artista.

**Percha:** madeira roliça contendo dispositivo para o equilíbrio. Com o qual o forte sustenta o volante em suas evoluções. Pode ser de ombro e de testa.

**Picadeiro:** lugar central e circular onde se apresentam os artistas circenses. É um espaço sagrado para o artista circense, que costuma se benzer antes de entrar nele para se apresentar.

**Pirofagia:** arte de engolir e cuspir fogo.

**Poleiro:** lugar mais alto da arquibancada, de onde não se tem uma boa visão do espetáculo, mas, em compensação, é o lugar mais barato.

**Pratos:** número em que pratos pesados são equilibrados em um aparelho especial.

**Rabolista:** pessoa que faz de tudo um pouco no circo, atuando como substituto de artistas ausentes.

**Rede:** aparelho que dá proteção aos volantes em caso de queda.

**Repique:** toque de tambor usado para provocar suspense em números arriscados.

**Saltimbancos:** eram artistas viajantes que se apresentavam em feiras durante a Idade Média. Faziam números de exercícios ou encenavam peças cômicas.

**Salto Mortal:** salto em que se dá uma volta sobre o próprio corpo.

**Secretário de frente:** pessoa que, antes de o circo chegar, anda por praças para localizar e alugar terrenos, licenciar o circo, fazer publicidade e pagamentos. Também é responsável pelas despesas e pela liberação do espetáculo.

**Serpentina:** fios elétricos que distribuem energia para iluminar o circo.

**Trapézio (trapézio voador):** barra de ferro presa por duas cordas ao teto, onde o trapezista realiza suas habilidades. É um dos números mais bonitos e arriscados do circo.

**Trupe:** grupo de artistas.

**Truque:** é o modo sutil com que o mágico realiza coisas que parecem impossíveis. Truque significa também cada parte de qualquer número, não só dos de mágica.

**Volante:** trapezista voador, que agarra outro trapézio ou é seguro pelo trapezista aparador.

# REFERÊNCIAS

AMARAL, M. A. *Dercy de cabo a rabo*. 3. ed. São Paulo: Globo, 1994.

ASSARÉ, P. *Cante lá que eu canto cá*. Petrópolis: Vozes, 1978.

AVANZI, R.; TAMAOKI, V. *Circo Nerino.* São Paulo: Pindorama Circus; Códex, 2004.

AYOUB, E. *Ginástica geral e educação física escolar*. Campinas: Editora da Unicamp, 2004.

BARBOSA, A. *Arte-Educação*: leitura no subsolo. São Paulo: Cortez, 1997.

BARROS, J. L. C. O conceito da corporeidade na formação e atuação dos professores de ed. física: licenciados em educação física. In: Congresso Científico Latino-Americano da UNIMEP, 3., 2004, Piracicaba. *Anais...* Piracicaba: UNIMEP, 2004.

BETTI, M. *A* Educação Física não é mais aquela. *Motriz*, Rio Claro, v. 1, n1, p. 81-3, 1995.

_____. *Educação Física, esporte e cidadania.* Revista Brasileira de Ciências do Esporte. Florianópolis, v. 20, n. 2/3, p. 84-92, 1999.

BERTAZZO, I. *Espaço e Corpo*: guia de reeducação do movimento. São Paulo: SESC, 2004.

BOLOGNESI, M. F. *Palhaços*. São Paulo: UNESP, 2003.

BORTOLETO, M. A. C. *Introdução à pedagogia das atividades circenses*. Jundiaí: Fontoura, 2008.

BRASIL. Ministério da Educação. Secretaria de Educação Fundamental. *Parâmetros Curriculares Nacionais*: Educação Física. Brasília: SEF, 1997. v. 7.

BULFINCH, T. *O livro de ouro da mitologia*: histórias de deuses e heróis. Tradução David Jardim. 2. ed. Rio de Janeiro: Ediouro, 1999.

CAMARGO, L. (Org.). *Arte-Educação*: pré-escola à universidade. São Paulo: Nobel, 1989.

CARBINATTO, M. et al. A inclusão de atividades circenses na Educação Física Escolar. In: Congresso Científico Latino Americano de Educação Física, 3., 2004. *Anais...* Piracicaba: Universidade Metodista de Piracicaba, 2004.

CARVALHO, R.; MOTA, I. L. B. *Circo universal*. Belo Horizonte: Dimensão, 2000.

CASTRO, A. V. *O elogio da bobagem*: palhaços no Brasil e no mundo. Rio de Janeiro: Família Bastos, 2005.

CEDRAN, L. (Coord.). *O circo*: artes plásticas, fotografia, cenografia, circo-teatro, cinema, áudio-visual. São Paulo: Secretaria da Cultura, Ciência e Tecnologia do Estado de São Paulo, Paço das Artes, 1978.

COLETIVO DE AUTORES. *Metodologia do ensino de Educação Física*. São Paulo: Cortez, 1992.

DAOLIO, J. *Cultura, Educação Física e Futebol*. 2. ed.  Campinas: UNICAMP, 2003.

_____. *Da cultura do corpo*. Campinas, Papirus, 1995.

_____. *Educação física e o conceito de cultura*. Campinas: Autores Associados, 2004. (Coleção polêmicas do nosso tempo).

DARIDO, S. C.; JÚNIOR, O. M. S. *Para ensinar educação física*: possibilidades de intervenção na escola. Campinas: Papirus, 2007.

DREYFUS, D. *Vida de viajante*: a saga de Luiz Gonzaga. 2. ed. São Paulo: 34, 1997.

FREIRE, J. B. *Educação de corpo inteiro*: teoria e prática da educação física. São Paulo: Scipione, 1989.

FURLANETTO, E. *Como nasce um professor*. São Paulo: Paulus, 2004.

GALLARDO, J. S. P. (Org.). *Educação física escolar*: do berçário ao ensino médio. 2. ed. Rio de Janeiro: Lucerna, 2005.

GONÇALVEZ, M. A. S. *Sentir, pensar, agir*: corporeidade e educação. 9. ed. Campinhas, 2006.

JÚNIOR, A. J. R. et al. *Jogos educativos*: estrutura e organização da prática. São Paulo: Phorte, 2005.

MOREIRA, E. C. (Org.). *Educação Física Escolar*: desafios e propostas. Jundiaí: Fontoura, 2004.

_____. *Educação Física Escolar*: desafios e propostas II. Jundiaí: Fontoura, 2006.

NEIRA, M. G.; Uvinha, R. R. *Cultura corporal*: diálogos entre Educação Física e lazer. Petrópolis: Editora Vozes, 2009.

NIEMAN, D. C. *Exercício e saúde*: como se prevenir de doenças usando o exercício como seu medicamento. Tradução Marcos Ikeda. São Paulo: Manole, 1999.

OLIVEIRA, R. B. *Atividades circenses em academias*: uma nova opção no âmbito do lazer. 2008. Trabalho de conclusão de curso (Bacharelado em Educação Física) Instituto de Biociências, Universidade Estadual Paulista Julio de Mesquita Filho, Rio Claro, 2008.

OLIVEIRA, V. M. *O que é Educação Física*. 11. ed. São Paulo: Brasiliense, 2004.

PIMENTA, D. *Antenor Pimenta*: circo e poesia. São Paulo: Imprensa Oficial, 2005.

RUIZ, R. *Hoje tem espetáculo?* As origens do circo no Brasil. Rio de Janeiro: Inacem, 1987.

SANS, P. *A criança e o artista*: fundamentos para o ensino das artes plásticas. Campinas: Papirus, 1994.

SANT'ANNA, D. B. Corpo e história. *Cadernos de subjetividade*, São Paulo, n. 2, v. 3. São Paulo, PUC/Educ, 1996.

SANTOS, C.G. *Circo*: um conteúdo pedagógico da educação física escolar. 2006. Monografia (Especialização em Educação Física) – Centro de Pós-Graduação e Pesquisa, UniFMU Centro Universitário, 2006.

Santos, C.G. *Aptidão física e perfil metabólico em crianças eutróficas e com sobrepeso participantes de um programa de atividade circense*. 2011. Dissertação (Mestrado em Ciências do Movimento Humano) – Universidade Cruzeiro do Sul, São Paulo, 2011.

Scaglia, A. Jogo e Educação Física Escolar: Por quê? Para quê? Faculdades Integradas Módulo, UNASP, FEF – Unicamp – SP. In: Moreira, W. W. (Org.). *Educação Física*: intervenção e conhecimento científico. Piracicaba: UNIMEP, 2004.

Silva, E. *Circo-teatro*: Benjamim de Oliveira e a teatralidade circense no Brasil. São Paulo: Altana, 2007.

_____. *O circo*: sua arte e seus saberes – o circo no Brasil do final do século XIX a meados do XX. 1996. Campinhas. Dissertação (Mestrado em História) – Universidade Estadual de Campinas, Instituto de Filosofia e Ciências Humanas, 1996.

Soares, C. L. Acrobacias e acrobatas: anotações para um estudo do corpo. In: Bruhns, H. T.; Gutierrez, G. L. (Org.). *Representações do lúdico*: II Ciclo de debates "Lazer e motricidade". Campinhas: Autores Associados, 2001. p. 33-41.

_____. *Educação Física*: raízes européias e Brasil. Campinas: Autores Associados, 1994.

_____. *Imagens da educação no corpo*: estudo a partir da ginástica francesa no século XIX. 2. ed. Campinas: Autores Associados, 2002.

Tamaoki, V. *O fantasma do circo*. São Paulo: Massao Ohno e Robson Breviglieri Editores, 2000.

Torres, A. *O circo do Brasil*. Rio de Janeiro: Funarte; São Paulo: Atração, 1998.

Ullmann, L. Mutações. Tradução Sonia Coutinho. São Paulo: Cosac Naify, 2008.

## *Websites* visitados

- http://www.educacaofisica.com.br/noticia_mostrar.asp?id=6629

Acesso em: 28 mai. 2009.


- http://www.celafiscs.institucional.ws/50/programa_agita_sao_paulo.html

Acesso em: 22 set. 2009.


- http://www.pindoramacircus.com.br/novo/home.asp

Acesso em: 24 set. 2009.


- http://www.artesdocirco.com.br/

Acesso em: 24 set. 2009.


- http://www.acrobaciaearte.com.br/

Acesso em: 24 set. 2009.

# SOBRE OS AUTORES

### Cristiane Cassoni Gonçalves Santos

Mestre em Ciências do Movimento Humano pela Universidade Cruzeiro do Sul, a professora paulistana de Educação Física Cristiane Cassoni Gonçalves Santos especializou-se em Educação Física Escolar pela UNIFMU e em Cultura Popular pelo Teatro Brincarte/Cultura Viva – Ministério da Cultura. Além do cargo de diretoria técnica e pedagógica na escola Acrobacia e Arte – Casa do Circo, Cristiane leciona na graduação do curso de Educação Física e no Departamento de Pós-Graduação e Extensão Universitária da UNIFMU. Também é professora de cursos de capacitação e atualização profissional de Atividades Circenses da escola Acrobacia e Arte da pós-graduação em Dança e Consciência Corporal da Universidade Gama Filho.

## Kiko Belluci

É professor de Educação Física pela FEFISA e ator, tendo desempenhado em festivais circenses em países como Espanha, Holanda, Bélgica, Rússia, Estados Unidos, México, Egito, Colômbia, Bolívia e Portugal. Além de ocupar a direção geral da escola Acrobacia e Arte – Casa do Circo, o artista, que é também especialista em Educação Física Escolar e professor no Departamento de Pós-Graduação e Extensão Universitária da UNIFMU, atua também lecionando nos cursos de capacitação e atualização profissional de atividades circenses da Acrobacia e Arte, e tem em seu currículo participações em grupos teatrais, como Teatro do Ornitorrinco, além de ter sido fundador e diretor técnico do grupo Acrobático Fratelli (1990-2001).

## Renée Fajtlowicz

Graduada em Educação Física pela UNIFMU, a jovem paulistana Renée Fajtlowicz é coordenadora e professora da escola Acrobacia e Arte – Casa do Circo, além de ocupar também a coordenação do Acampamento de Férias Acrobacia e Arte Aventura. Especializou-se em Administração e Marketing Esportivo pela Universidade Gama Filho; atua também como *personal trainer* circense e produção de eventos.

# Thiago Sogayar Bechara

Paulistano nascido em 1987, é autor dos livros de poesia *Impressões*, publicação independente de 2002, e *Encenações*, lançado em 2004 pela Editora Zouk, com prefácio do jornalista Heródoto Barbeiro. Formou-se em Jornalismo pela Universidade Presbiteriana Mackenzie e é especializado em Jornalismo Cultural pela Fundação Armando Alvares Penteado (FAAP). Desde 2005, colabora com o portal do Jornal Jovem, escrevendo resenhas, contos, crônicas e produzindo edições especiais, convidado pela diretora e psicanalista Sônia Maria Makaron. É autor dos perfis *Imara Reis: Van Filosofia* (2010) e *Cida Moreira: A Dona das Canções* (2012), ambos da *Coleção Aplauso*, editada pela Imprensa Oficial do Estado de São Paulo. Compositor iniciante, teve sua primeira canção, *Minhas janelas*, gravada pelo parceiro, o cantor noturno José Domingos, no disco Santa ignorância, de 2011. A faixa conta com arranjo e violão de Ulisses Rocha, e acordeom de Toninho Ferragutti. Hoje, Thiago atua como biógrafo e pesquisador nas áreas de música, teatro e cinema, debruçando-se sobre nomes como o do compositor ribeirão-clarense Luiz Carlos Paraná (1932-1970), sobre o qual escreveu a biografia *Luiz Carlos Paraná: O Boêmio do Leite* (Independente, 2012); e o do polígrafo modernista Mário de Andrade (1893-1945), além de ter se dedicado de junho de 2011 até janeiro de 2012 à Assessoria de Imprensa da Secretaria de Estado da Cultura de São Paulo, divulgando programas e equipamentos como: SP Escola de Teatro; São Paulo Companhia de Dança; Revelando São Paulo; Mapa Cultural Paulista; e Viagem Literária. Para conhecer mais o trabalho do escritor, acesse: <www.thiagobechara.com.br>.

SOBRE O LIVRO
Formato: 22,5 x 25 cm
Mancha: 14 x 18,6 cm
Papel: Couchê 115 g
nº páginas: 288
1ª edição: 2012


EQUIPE DE REALIZAÇÃO
*Assistência Editorial*
Cyntia Vasconcellos

*Assessoria Editorial*
Maria Apparecida F. M. Bussolotti

*Edição de Texto*
Fernanda Fonseca (Preparação do original e copidesque)
Patrícia Murari e Roberta Heringer de Souza Villar (Revisão)
Jaqueline Carou (*Checklist*)

*Editoração Eletrônica*
Estefânia Mariano Lorenzetti (Projeto gráfico, diagramação, tratamento de imagens e capa)
Douglas Docelino (Ilustrações e capa)

*Fotografia*
Mauro Yoshida e Nicole Botelho (Modelos)

*Impressão*
*Gráfica Edelbra*